DEL CORAZÓN AL UNIVERSO

Cómo vivir con más paz en tiempos de incertidumbre y elevar tu vibración

MICHAEL E. ZAREBSKI PEÑA

"MAYKI"

Impreso en México
Diseño de portada por Sergio "El papayo" Domínguez

Del Corazón al Universo. Copyright@2021 by Michael Edward Zarebski
No. 1182247

www.delcorazonaluniverso.com

ISBN: 978-1-7777521-0-1 Trade Paperback
ISBN: 978-1-7777521-1-8 Electronic Book
Primera edición 2021

*Para mis dos maravillosos hijos, Iker y Axel.
Que más que hijos, han sido compañeros,
amigos y cómplices de mi vida.*

CONTENIDO

AGRADECIMIENTOS

Cuando uno termina su primer libro le quiere agradecer a todo y a todos por haberlo logrado, y lo cierto es que tengo muchas ganas de hacerlo, ya que la gratitud es una parte importante de esta obra, tanto que incluso le dedico un capítulo, así que seré congruente.

Todas las experiencias que me formaron durante mi vida han influido para alcanzar este objetivo. Esto empezó desde la conformación del universo o del Dios que nos creó a todos, de esa energía que se separó, pero de la cual seguimos siendo parte de una forma u otra, en un campo donde todo está integrado en diferentes vibraciones. Nosotros somos parte de eso, por lo cual le agradezco mi existencia en la forma actual, porque así, en este estado, fue que escribí este libro.

A lo anterior se suma que yo soy parte de dos energías que se juntaron para formar esta vibración, con la personalidad que heredé y que tengo como ser humano. Para mí, la familia es un área muy importante de la vida y del crecimiento. Considero que influye en nosotros de una u otra manera para ser lo que somos hoy.

Mis padres: mi papá polaco Mieczyslaw Zarebski, quien conoció a mi madre en México, una tampiqueña de corazón, Lolita Peña. Se casaron en San Antonio, Texas y vivieron sus primeros 4 años de matrimonio en Toronto, Canadá. Ahí nació mi hermana Janina, una persona incondicional que siempre está presente, apoyándome en las buenas y en las malas. La admiro por atreverse a vivir sus sueños. Hoy ella los está haciendo realidad en un proyecto que construyó con su esposo Carlos, llamado Las Higueras, ubicado en Veracruz, México. Allí ambos se encuentran con sus perros, rodeados de plantas, árboles y demás naturaleza que sembraron, a lado de un río y cerca del mar. Aunque pueda parecer adelantado para unos, este será en el futuro un estilo de vida distinto, fuera de las grandes ciudades. Gracias, Nina, te quiero mucho.

Tres años después del nacimiento de mi hermana, mis papás me concibieron. Les agradezco ese acto de crearme, formarme, educarme y quererme. Yo nací también en Canadá; sin embargo, a los 45 días de nacido, nos mudamos a México, donde nació mi otra hermana, Carla. Ella es una gran editora de libros de arte y promotora de la cultura mexicana, entre otras tantas actividades culturales que realiza, donde busca constantemente apoyar a otros. Mi admiración a tus proyectos. Siempre es divertido e ilustrativo viajar contigo. Gracias, Carlis, con todo mi corazón, por esos viajes y convivencias en tu casa y por nuestras grandes pláticas. Siempre aprendo de ti.

De ahí, la familia continuó creciendo y sumando a mi vida. Gracias a mis maravillosos sobrinos, sobrinas y sus respectivos esposos. Gracias, familia, a todos ustedes por existir y por ser parte de mi entorno; agradezco tenerlos a cada uno de ustedes, así como el apoyo que me han brindado en mis locuras. Ustedes son parte de la energía de este libro, y si volviera a nacer, los escogería de nuevo a todos. GRACIAS.

De mi matrimonio con Iliana, nacieron mis hijos Iker y Axel. Dedico este libro a ellos. No podría pedirle más a la vida al darme estos dos maravillosos seres humanos. Ellos son una gran luz y motivación para mí. Recuerdo que mi primer deseo era hacer una familia y tener hijos. Esto se logró y superó por mucho todo lo que pensaba que se podía sentir al tenerlos. Mi vida ha sido maravillosa con ellos. Todos y cada uno de los aprendizajes, desde que nacieron hasta la fecha, no dejan de ser asombrosos y constantes. Agradezco a

Iliana por ser una excelente mamá, por su contribución a su formación y educación.

Todos necesitamos del apoyo de alguien en la operación de nuestros proyectos. Así que mil gracias a mi asistente Mary, una señorita chiquita pero poderosa, inquieta, preparada y que no para de seguir aprendiendo y de ser curiosa, pues siempre quiere saberlo todo. Te felicito por esto, Mary, y por todo lo que eres, especialmente por ese corazón grandote que constantemente está buscando cómo ayudar a los que menos tienen. Me has apoyado en muchas áreas de mi trabajo, incluyendo, mis consultorías, y me conoces tan bien que fue maravilloso contar con tu presencia en este proyecto. Muchas gracias, Mary Cruz García, por dar siempre más del 150%. Eres una gran colaboradora: has estado en el proceso de la elaboración de este libro, desde la corrección básica de mis errores de escritura hasta la supervisión de la impresión. Eres la asistente que todo el mundo quisiera tener y cada día eres mejor. Gracias de nuevo por esto y por tu paciencia conmigo.

A Rosalba, mi editora y correctora de estilo, a la que aún no tengo el gusto de conocer en persona, pues todo ha sido vía videoconferencia (estando yo en Vancouver y ella en México), de la misma manera que lo he estado haciendo con Mary, pues es lo típico en época de pandemia. He de admitir que extraño cómo era antes, ya que a través de la presencia física es más fácil transmitir tu energía y tu ser; sin embargo, Rosalba desde el primer momento se conectó con el proyecto, y por lo tanto, su energía también está presente en este libro.

Debo decir que ella, al ser muy perfeccionista, sufrió un poco con este proceso, ya que al principio me dijo que con gusto hacía la corrección de estilo del libro pero que, de acuerdo con su forma de trabajar, necesitaba por lo menos dos meses, ya que realizaba varias revisiones muy intensivas para que todo estuviera perfecto. Fue ahí donde yo le pedí que con este proyecto hiciera algo diferente, rompiendo con su forma y estilo de trabajo, por lo que yo asumo cualquier responsabilidad de los errores que pudieran existir. Finalmente, nuestro acuerdo fue que la revisión se hiciera en dos semanas y que en ese tiempo no se estresara, que lo hiciera libremente y sin preocuparse, lo que avanzara y/o terminara en esas dos semanas era como debía de ser.

Te comparto la explicación anterior, puesto que busco que lo que escribo sea congruente con lo que hago; es decir, que logre lo que propongo desde un principio: motivarte a romper esquemas, a probar cosas nuevas. Se trata de que descubras aspectos distintos de tu persona. Rosalba los descubrió, por lo tanto, muchas gracias, no solamente por tu corrección de estilo, sino por atreverte a hacer las cosas diferentes.

Este libro lo escribí durante la pandemia 2020/2021. Estoy seguro de que más de uno enfrentó alguna situación complicada, con sus retos personales, aunado a los muchos eventos mundiales que acontecieron y seguirán ocurriendo como consecuencia de este suceso que nos marcó a todos. Tendremos muchas historias que contar, y yo quiero compartirte una que me pasó.

Estuve encerrado mucho tiempo en mi departamento en Vancouver. Debido a las reglas de la pandemia, me encontraba totalmente solo en los últimos meses del año, con todas las limitaciones de salidas que esta situación implicaba; además, había tenido un año complicado en temas personales. Cuando llegó la planeación para la Navidad de 2020, me dije que no podía pasar esas celebraciones solo, puesto que ya había sido demasiado. Resultó que la mayoría de mi familia que vive en México estaba organizando reunirse en Puerto Vallarta para pasar juntos esas fechas, y pensé: "Pues me lanzo". Así que decidí ir, aunque cada vez se tornaba más complicado salir del país y sabía que al regreso tendría que pasar por una cuarentena de dos semanas, que exigía el gobierno canadiense a todo aquel que entrara al país. De cualquier modo, emprendí el viaje y tomé uno de los pocos vuelos que salían en aquel entonces.

El aeropuerto de Vancouver parecía un lugar fantasma, casi vacío y todo cerrado; sin embargo, el vuelo iba lleno. Todos separados en la sala de espera tomando la sana distancia; muchas eran familias con niños, me pareció que todos en el mismo estado emocional que yo… buscando un escape. Eso sí cada uno con máscara y algunos otros en trajes plásticos blancos de cuerpo completo, con toallas desinfectantes para limpiar todo. Hoy ya todos nos acostumbramos a ver esto, pero en su momento, siendo mi primera salida después de 10 meses, sentía un mundo completamente diferente, extraño de algún modo.

Después de un vuelo de 4 horas y media, aterrizamos en Puerto Vallarta a medio día. Fue como llegar a otro mundo. El aeropuerto estaba a reventar con vuelos que, en su mayoría, provenían de Estados Unidos y de Canadá. Claro, todos llevaban su máscara, pero había muchas filas de espera para pasar migración y recoger las maletas, espacios donde no se respetaba la sana distancia, aunque he de admitir que la gente se veía muy feliz de estar ahí. Fue como salir de un planeta y entrar a otro totalmente distinto, pero me dije: "Pues bueno, ya estoy aquí y dejaré al universo que decida; que pase lo que tenga que pasar".

Fue entonces cuando empecé a gozar más el momento, ya que no sabía que podía suceder después. Recordé una conversación que tuve con mi papá, quien vivió la Segunda Guerra Mundial. Una de las pocas historias que me contó acerca de esa época fue que en esos momentos, lo poco que tienes o recibes, lo aprecias y lo gozas mucho más, desde algo tan simple como una papa fresca, que era de lo poco que había para comer, un cigarrillo, un momento de calma y hasta un beso. Todo lo sientes más, y por lo tanto, comprendí que la pandemia nos ha hecho apreciar y ver la vida de otra forma.

Continuando con el relato de mi viaje a Vallarta, a todos nos ha pasado que cuando el universo decide producir momentos mágicos, lo hace, aunque claro nos tenemos que atrever a tomar acción, a crear el empuje inicial, y justo cuando no lo tenemos planeado, suceden esos eventos que marcan la vida. Fue exactamente así como apareció **María Antonieta,** alias Toni, durante la noche de Navidad.

Toni fue invitada por Justino, su gran amigo, a pasar la cena navideña con toda la familia, pues su papá había fallecido 15 días antes por COVID-19, y esta era una forma de apoyarla y distraerla. Desde ahí iniciamos una relación que se ha vuelto toda una aventura, y ella ha sido una entusiasta de este libro y por supuesto, un gran apoyo. Cabe destacar que cuando la conocí, yo estaba iniciando la segunda parte del libro que habla del corazón. Ella provocó que se elevaran mis vibraciones y por consiguiente, me hizo escribir muy inspirado y enamorado. Toni preciosa, gracias por todo tu apoyo; tu energía tan amorosa hacia mí y hacia esta obra, y por tu prólogo.

Por otra parte, no puedo dejar de agradecer a mis maestros y autores que cito en estas páginas, ya que sin sus conocimientos no podría haberlas escrito. Así que extiendo un especial agradecimiento a:

Albert Einstein, quien me atrajo primero con sus frases tan sabias y adelantadas a su época. Lo cito en varios capítulos y me siguen apareciendo artículos no conocidos o divulgados a la fecha, así que no dejo de aprender de él y considero que la humanidad seguirá descubriendo y aprendiendo de su legado.

Ervin Laszlo, músico, científico, filósofo, dos veces nominado para el Premio Nobel de la Paz y futurista, a quien descubrí en el 2020 con el libro *Reconnecting to the Source*, el cual fue como un haz de luz y sabiduría, puesto que encontré a alguien que explica de una manera muy sencilla la integración de la ciencia y la espiritualidad. Hoy en día, continúo leyendo sus nuevas publicaciones. Ha sido un guía para mí en esta nueva época del mundo. Lo considero uno de mis grandes motivadores, que me dio el impulso final para escribir. Recomiendo ampliamente sus libros, sobre todo los últimos hechos durante la pandemia. Estoy seguro de que él será una referencia importante para la humanidad con el paso de los años y cuando se conozca más acerca de su trabajo.

Nassim Haramein, personaje con el que me identifiqué cuando lo vi en una plática TED. Es un gran historiador e investigador, experto en el campo de la energía de protones; sus ecuaciones sugieren energía ilimitada disponible para todos, pero lo más importante para mí es que es un gran promotor y maestro acerca de todo lo relacionado con el mundo cuántico y el cosmos. Él integró a un maravilloso equipo de investigadores con la misma línea y estilo. Gracias, Nassim, por compartir tus conocimientos con los cursos gratuitos y las videoconferencias mensuales, tanto las tuyas como las de tu equipo. Yo procuro participar en todas las que puedo, ya que nos enseñan, actualizan, explican y contestan toda clase de preguntas, desde las más sencillas hasta las más complejas y profundas, siempre haciéndolo con una gran pasión y empatía con los que no sabemos mucho. Gracias por todo eso.

Ines Urdaneta, doctora en Física apasionada e integrante del equipo de Nassim Haramein, quien desde el comienzo del proyecto me motivó para que lo desarrollara. Siempre me ha dicho que el mundo necesita de propuestas como esta, que eleven la consciencia. Gracias por esto, Ines, por tu prólogo maravilloso y por tomarte el tiempo de revisar mis escritos científicos. Después de tus observaciones, me quedé más tranquilo de no estar diciendo algo descabellado. Fueron maravillosas tus sugerencias de cómo explicar partes del Modelo Estándar y sus elementos; la gravedad, y sobre todo la famosa fórmula $e=mc^2$. Gracias, Ines, continúa igual, haciendo ciencia desde el corazón al universo con esa misma pasión. El mundo necesita gente como tú que piense diferente.

Otto Scharmer, parte del Presencing Institute y profesor principal de la Escuela de Administración Sloan del MIT, quien junto con un equipo creó una plataforma de investigación-acción en la intersección de la ciencia, la conciencia y el profundo cambio social y organizacional. Desarrollaron la Teoría U como un marco de cambio y un conjunto de metodologías maravillosas, que han sido utilizadas por miles de organizaciones y comunidades en todo el mundo, para abordar los desafíos globales más urgentes: cambio climático, sistemas alimentarios, desigualdad y exclusión, finanzas, salud y educación. Gracias por compartir tus conocimientos y por unir a gente de todo el mundo con los mismos propósitos y con proyectos como el de Gaia, para crear un mejor mundo. Gracias.

Barbara Marx Hubbard fue una de las creadoras de la cosmovisión de la evolución consciente y del término *"Homo Universalis"*. Con una vida llena de experiencias, superó muchos retos. Afirmó que llegó a la adolescencia tardía a los 73 años (nunca es tarde para evolucionar). Fue una gran maestra y es reconocida hasta en las Naciones Unidas. Conocí de su existencia por referencia de Ervin Laszlo, con la misma línea de la consciencia coherente. A ella también le sigo aprendiendo. Barbara, gracias.

Rubén Cedeño, otro apasionado de la música y líder de los estudios de metafísica de Conny Méndez. Gracias por enseñarme en tus talleres, en nuestras cenas y comidas que compartimos tanto en Ecuador como en México. Gracias.

Satyen & Suzanne Raja: quiero agradecerles a los dos por su calidez, amor y por ser siempre unos maravillosos anfitriones, tanto tomando sus talleres como en las comidas y visitas informales en su casa. Gracias por compartir sus maravillosas metodologías y su luz. Gracias.

A mis amigos incondicionales que siempre han estado ahí, aunque no nos veamos mucho:

Guillermo Lara, nos conocimos con nuestros hijos en el kínder y nació de ahí una amistad que ha crecido hasta la fecha. Tú siempre has impulsado mis locuras y me has apoyado en momentos importantes. Me introdujiste al mundo del futbol soccer para dar coaching a equipos, jugadores y demás, donde pude probar mis técnicas de una manera más eficaz. Gracias, Memo, por tu corazón que muchos no ven, y gracias a tu familia y a Lola, tu esposa, por siempre recibirnos a todos con tanto cariño. Gracias.

Sandro Belain, compañero de la universidad, emprendedor y exitoso en todo lo que hace, sobre todo en la formación de su familia. Coincidimos en valores y formas. Listo para oírme, constantemente acabo hablando más yo que él de mis locuras y experiencias de vida. Siempre, Sandro, has estado ahí. Eres un amigo muy leal. Toda mi admiración y gratitud a ti y a toda tu familia.

Emilio Zorrilla, amigo de Vancouver. Desde que nos conocimos, hemos sido como los amigos de la colonia (ciudad, en este caso). Tú mejor que yo; muy dadivoso con todos; gran compañero del puro y divertidísimo. Siempre has estado presente. Gracias por tu amistad.

Iván de Santiago, un ser sumamente especial y amoroso. Él ayuda a todos incondicionalmente. Acogió a toda la familia cuando llegamos a Vancouver por primera vez, sin conocernos, ofreciendo todo su apoyo. Cuando nos vemos, es muy energético: platicamos intensamente y queremos arreglar el mundo. Gracias, Iván, por tu amistad y todos tus apoyos.

A Manuel, mi coach energético, guía, terapeuta y también amigo, por apoyarme en esos momentos donde todos necesitamos de una visión diferente, por ser un apoyo incondicional, gran impulsor para lograr mis sueños, como lo es este libro, por animarme a hacer otras cosas, por estar ahí para escucharme sabiamente y brindarme al final una frase que vale más que mil palabras.

No me podía faltar agradecer a ese jefe que todos, creo, hemos tenido alguna vez en nuestro desarrollo profesional, que nos marcó para bien, apoyándonos y dándonos las bases para el crecimiento laboral. En mi caso, esa persona es **Jaime González Solana**. Lo conocí cuando tuve el honor de ser unos de los primeros que contrataron para arrancar el proyecto PRICE CLUB MÉXICO, hoy COSTCO MÉXICO, en los 90. Con su personalidad, jovialidad y su corazón, lideró el trabajo de los jóvenes que empezamos ese proyecto con él. Creó una supercultura organizacional, empujando a todos con su estilo único. Jaime me apoyó para introducir ideas, dándome el privilegio de mostrar cada lunes mis resultados a gente como don

Carlos y Carlos González Zabalegui, grandes líderes empresariales mexicanos. También me dio la oportunidad de presentarme frente a Jim Sinegal, quien era el CEO de Costco. Aprendí mucho de esa época de fusiones de corporaciones y de grandes cambios a nivel mundial para las empresas. Gracias a todos ustedes. Gracias, Jaime y familia González.

Solamente me queda agradecer a los entornos principales donde he vivido más tiempo. Estos han sido muy importantes y han contribuido para ser lo que soy ahora. A México tan mágico que quiero con toda mi alma y a Canadá, en especial a Vancouver, por ser conmigo, con mis hijos y con su mamá un gran país que nos ha enseñado grandes cosas y nos ha dado el entorno ideal para seguir creciendo y aprendiendo, gracias.

Al planeta Tierra en donde todos vivimos y que nos ha dado mucho, sin su entorno y condiciones naturales no estaríamos aquí. Qué lugar tan hermoso es, con sus mares, sus ríos, sus bosques, sus montañas, su vegetación, su fauna y todos sus otros mundos, cada uno espectacular y bello. Gracias, Tierra preciosa. Este libro te lo escribo también a ti con la finalidad de poner mi granito de arena y de ayudar a elevar la consciencia, para que todos te cuidemos y ya no abusemos de lo que nos das. Es urgente que la humanidad deje de dañarte. Has tenido mucha paciencia con nosotros, así que te agradezco una vez más por lo que nos has regalado y perdón por los abusos hacia ti. Te doy las gracias por lo que me has dado a mí y a mi familia. Gracias.

PRÓLOGO DESDE EL CORAZÓN
POR

TONI TORRES

Publirrelacionista/Conferencista

Del Corazón al Universo es un libro que nos transporta en cada una de sus páginas hacia un viaje interior, invitándonos a ser más conscientes y coherentes para que nuestro paso por este universo tenga un verdadero propósito e intención.

Los seres humanos solemos olvidar la importancia de saber **qué queremos, hacia dónde vamos** y **qué nos apasiona**. Con las herramientas que nos comparte el autor será mucho más fácil para el lector **redescubrir su sentido de vida, despertar la creatividad, fortalecer la curiosidad, vivir sin miedos**, poner en práctica el **autoconocimiento** y vibrar en **la energía del AMOR.**

Michael nos recuerda que somos individuos en constante **EVOLUCIÓN**, con capacidades, talentos, visiones y pensamientos diferentes; sin embargo, está en cada uno de nosotros elegir ser mejores personas poniendo en práctica los valores, que son la base de nuestra sociedad.

La pasión de Michael por la ciencia, física cuántica, el desarrollo humano y la investigación se ven reflejados en cada uno de los capítulos, en los que atrapa al lector con información que enriquece. Nos da una visión amplia de cómo vivir de la mejor manera nuestro día a día, nos impulsa a **TOMAR ACCIÓN**, a ver las cosas desde una perspectiva **MACRO**, a tener una **MENTE ABIERTA**, a **SENTIR** desde el fondo de nuestro corazón, a cambiar de **ACTITUD**, a poner en práctica la **INTUICIÓN**, a no resistirnos a **SOLTAR** lo material, para empezar a ser más prácticos y viajar más ligero.

En lo personal, me parece fantástico que Michael nos comparta las 7 claves pasos para vivir del corazón al universo: son prácticas, creativas, sobre todo, dan resultados. Concuerdo con él acerca de soltar todo al universo y dejar fluir. No podemos tener el control de todo. Hay que aprender a dejar que el propio universo nos sorprenda.

Admiro su visión macro de querer compartir con la humanidad la importancia de vibrar en la **energía del AMOR,** la vibración más alta que cualquier ser humano puede experimentar. Si todos lográramos conectarnos con esta frecuencia, nuestro mundo sería definitivamente muy diferente.

Todo lo que está aquí escrito es el resultado de un sueño hecho realidad. No importando el tiempo que le haya tomado, a sus 60 años cumplió uno de sus más anhelados sueños. Nunca es tarde para **TOMAR ACCIÓN**. Admiro la disciplina, constancia, pasión, enfoque, entrega y persistencia de Michael por contagiarnos de sus ganas de romper esquemas, de vivir sin miedos, enfocándose, entregándose en cuerpo y alma a la investigación, compartiendo con la humanidad su filosofía de vida.

Tengo la fortuna de conocer a Michael. Para mí es un gran maestro, mentor, excelente guía, un apoyo incondicional. En toda la extensión de la palabra, es un ser **extraordinario.** De él he aprendido a vivir con más corazón en este universo.

PRÓLOGO DESDE EL UNIVERSO
POR
INES URDANETA

Dra. en Física y miembro del equipo de investigación de Resonance Science Foundation.

Me gustaría empezar agradeciendo a Michael por invitarme a realizar un prólogo para su libro. Gracias, Michael, por tu entusiasmo, vigor y profundo interés en sembrar una semilla de consciencia. Vivimos en tiempos desbordantes de información, y este libro ha recopilado un contenido y una bibliografía extensa, apropiada para guiar al lector en temas que están a la vanguardia y que nos conciernen a todos.

En tan solo unos meses nos hemos enfrentado a situaciones desconcertantes y extraordinarias, desde un virus, cuyo origen es aún incierto, hasta las declaraciones de El Pentágono afirmando la legitimidad de ciertos videos con objetos voladores no identificados. En esta línea, las declaraciones de Haim Eshed, ex jefe de la dirección espacial del Ministerio de Defensa de Israel, al periódico israelí *Yediot Aharonot*, el 8 de diciembre del 2020, no dejan de sorprender. Una "federación galáctica" ha estado esperando a que los humanos "lleguen a una etapa en la que entendamos... lo que es el espacio y las naves espaciales".

Semejantes declaraciones, en medio de una catástrofe a nivel mundial, han pasado desapercibidas para la mayoría. Es inevitable pensar en Carl Sagan, el reconocido astrónomo y divulgador de la ciencia, creador de la serie *Cosmos*, autor de libros excepcionales, entre ellos la novela *Contacto*, publicada en 1985. Sagan, junto con su esposa Ann Druyan, adaptaron el guión para la película del mismo nombre. La caracterización de la Dra. Elleanor Arroway ("Ellie", representada por la actriz Jodie Foster) está inspirada en la Dra. Jill Tarter, responsable del Proyecto Phoenix del Instituto SETI. La película fue estrenada en 1997, y quienes tuvimos la suerte de haberla visto afirmaríamos, sin excepción, que produjo una conmoción que dejó huellas imborrables en nuestros corazones y un extraño sabor en la boca. Ha sido una de mis películas favoritas desde entonces, así como *Cosmos* es quizás mi serie favorita.

Si Sagan estuviera con vida, ¿qué diría sobre estos acontecimientos? Esta es una pregunta que me hago de forma recurrente, mientras una leve tristeza me embarga. Si alguien merecía estar vivo para ser testigo de tal revelación, era él. En este orden de ideas, también viene a mi mente Carlos Díaz, a quien conocí en 2019 durante una expedición que hice en México junto con Nassim Haramein y otros miembros de su equipo de investigación, en el marco de las expediciones científicas de Resonance Science Foundation. Carlos Díaz es quizás uno de los testimonios mejor documentados sobre el fenómeno de contacto con "extraterrestres", avalado por instituciones como El Pentágono. Su experiencia con los "cuerpos de Luz", como Díaz les ha llamado, es al parecer frecuente en Tepoztlán y sus inmediaciones.

La Llegada es otra película ejemplar que expone el rol del lenguaje como un ente comunicador, creador y portador de realidades. Desde nuestra propia experiencia sabemos que el lenguaje y la comunicación juegan un papel protagónico en nuestras vidas y en la vida de todo lo animado. Y quizás hasta de lo inanimado, porque ¿qué asegura que la comunicación solo ocurre entre seres vivos? Otra forma de plantear esta pregunta sería la siguiente: ¿qué entendemos por vida?

Todos estos temas me remiten inexorablemente al punto medular: la consciencia. Si antes este era un asunto reservado a los psicólogos, terapeutas, neurólogos y místicos, ahora está siendo abordado por físicos muy relevantes en la escena mundial, como Sir Roger Penrose. Sin embargo, quisiera destacar que no porque la ciencia exacta tenga ahora toda su artillería apuntada hacia esta cuestión, la consciencia se encuentra más resguardada o en mejores manos. La experiencia de la consciencia no está limitada a la ciencia, por el contrario, la ciencia está supeditada a la consciencia. En este punto cabe hacerse la pregunta: ¿a qué nos referimos cuando hablamos de ciencia y de consciencia?

No hay duda de que la ciencia exacta es extremadamente útil a la hora de establecer las causas y consecuencias de un fenómeno, pero no se debe pasar por alto que aun cuando el método científico es la herramienta más rigurosa, está diseñado para establecer aquello que se puede generalizar, y la naturaleza de la realidad va mucho más lejos que aquello que es generalizable. Por esta razón, esta también va más lejos que el método científico. Igualmente, el origen de la palabra "ciencia" es más amplio, remite a conceptos como "discernimiento", "diferenciación", "contraste".

Para mi sorpresa, en el gremio científico es común reducir la ciencia al método científico, asociándolo con la verdad absoluta. De allí que cada vez que surgen nuevas ideas, fenómenos o perspectivas que de alguna manera cuestionen al modelo predominante y sobre todo las bases e interpretaciones sobre las cuales dicho modelo se sustenta, estas sean atacadas de forma contundente, como queriendo destruir al enemigo. A pesar de la resistencia inicial, que se supone tiene el propósito de garantizar la calidad de la obra científica, eventualmente el nuevo fenómeno o la nueva explicación logra atravesar los obstáculos que le impiden ser reconocido como parte de la realidad, y, por lo general, incorpora y amplía la visión previa. Así es la evolución del conocimiento científico, y así avanza una de las formas de comprender la naturaleza de la realidad. Sin embargo, el verdadero obstáculo para la evolución de las ideas, descubrimientos y la ciencia en general es el conflicto de intereses. Ocurre que muchas veces la defensa de una teoría o concepto previo se alimenta no de la necesidad de proteger una verdad ya establecida, aún a costa de una verdad mayor, sino de mantener los privilegios de un grupo, cuyo poder y liderazgo se ve amenazado por tal revelación. De aquí que sea muy peligrosa la asociación que se suele hacer entre aquello que es oficial y la verdad absoluta. El tema de la verdad absoluta no es el tema. Y que no sea el tema, tampoco es el tema. El tema de la consciencia, en cambio, sí es el tema.

La existencia de otras civilizaciones fuera de nuestro planeta y de nuestro sistema solar nos hace cuestionar las bases de nuestra civilización, de nuestras creencias y propósitos. ¿Qué tipo de tecnología usan en comparación a la nuestra? ¿Cómo se perciben a sí mismos y a su entorno? ¿Qué entienden por energía? ¿Qué tipo de ciencia tienen? ¿Han tenido influencia en nuestra evolución? ¿Qué nos dicen acerca de la consciencia? ¿Estamos separados de ellos o juntos formamos parte de un proceso más amplio? Son preguntas fundamentales, a las cuales quizás podamos dar alguna respuesta en los próximos años.

Mi preocupación con respecto a este tema en particular es que sigue haciendo que nuestra atención se enfoque en el afuera y no en el adentro, lo que puede distraernos de desarrollar nuestra propia consciencia. Por ello, iniciativas como la de Michael me parecen indispensables para colocarnos a la par y no vernos deslumbrados o apantallados por ESO externo.

Por suerte, los principios de resonancia son los que cohesionan a la realidad y a sus diversos elementos. La resonancia es para la ciencia lo que la justicia divina es para la religión. A la resonancia no hay forma de evitarla, ni de engañarla. Como es adentro, es afuera. Trabajando nuestro adentro, Co-Incidimos con lo de afuera. Tengo la certeza de que la resonancia guía nuestros pasos. Una resonancia entre el latido del corazón y el latido del universo.

Del Corazón al Universo, del Universo al Corazón…

El Corazón del Universo, el Universo del Corazón.

INTRODUCCIÓN

Hola, qué gusto que estés leyendo mi primer libro. Para comenzar, me gustaría contarte que escribirlo era un objetivo que tenía desde hace ya mucho tiempo, y he de admitir que hubo varios intentos fallidos. Es increíble la emoción que se siente y lo que goza tu ser interior cuando logras una meta fuera de lo común, que no creías que podrías alcanzar. Tengo dislexia y no se me da muy bien lo de la escritura; además, en mi familia hay miembros apasionados por las letras, editores, amantes de los libros y hasta poetas. Ya te imaginarás mi entorno, sin escribirlo ya me sentía juzgado. ¡Nadie pensó que yo escribiría un libro, ni siquiera lo sospechaban!

Todos tenemos nuestras inseguridades, sin embargo, hay que buscar las soluciones creativas a ellas, que a veces pueden ser muy simples; por ejemplo, la mía fue no avisarles que lo estaba haciendo. Se los mostré hasta que lo terminé.

Tampoco nadie creía que pudiera correr un maratón, bueno ni yo mismo. Gracias a un excelente entrenador, corrí el Maratón de Nueva York. Junto con veinte compañeros, comencé mi entrenamiento, el cual duró un año. Créeme cuando te digo que aunque éramos de todos los tamaños, edades e incluso algunos sin ninguna condición física, todos lo terminamos. Yo lo logré a mis 45 años. Ahí descubrí que no es el físico, es la mente y los deseos más profundos los que ayudan a lograr los sueños.

De eso precisamente se trata este libro, de partir de la ciencia para comprender nuestra grandeza como humanos, de romper zonas de confort, de **AMPLIAR NUESTRA VISIÓN, de ser curiosos y ver nuevas posibilidades** no pensadas. Todos las tenemos y están ahí. A veces con solo identificarlas y proyectarlas en nuestra mente, la vida puede cambiar de manera radical. La decisión depende solo de nosotros, ahí está el detalle. Cuál es ese BOTÓN que hace que tomemos acción. No son los conocimientos, esos se aprenden. Es la ACTITUD, únicamente es cuestión de activarla.

Tengo tanto que me gustaría contarte. Sin embargo, en este primer libro, me limito y quiero darte solo un **marco de referencia, UN MAPA** de lo que considero más importante, ya que a mí me ha servido tanto a nivel personal como profesional. No obstante, dependerá de ti si de verdad quieres descubrir nuevos horizontes.

El principal objetivo es que te ayude a construir una visión más panorámica de tu vida, que al finalizar la lectura y realizar los ejercicios, puedas encontrar **más paz, tranquilidad y herramientas** para adaptarte de una mejor manera a este nuevo mundo postpandemia 2020.

Quiero resaltar que le doy gran importancia a la ciencia y a quienes la representan, y la razón es muy simple: es una herramienta que nos permite aprender y conocer la verdad acerca de diversos temas, claro, acudiendo siempre a las fuentes correctas.

Aquí también integro mi experiencia como consultor y coach de vida tanto para empresas, organizaciones, candidatos a gobiernos, equipos, entrenadores, jugadores profesionales de fútbol, parejas e individuos, así como la personal. Además, algo muy importante, es que integro lo que he aprendido de autores y maestros que considero especialistas en los temas que menciono, por lo que doy sus referencias para que puedas profundizar o investigar más sobre un tema específico, si así lo deseas.

En la primera parte, doy un panorama desde mi perspectiva y la de algunos autores acerca de cómo se encuentra el mundo actual en un entorno **VICA (VOLÁTIL, INCIERTO, COMPLEJO y AMBIGUO)**; qué es **LO QUE NOS DUELE** como seres humanos y sociedad, conviviendo todos juntos en este planeta Tierra llamado GAIA[1]; cómo llegamos a ser lo que somos, estos "HOMO SAPIENS"; de qué estamos hechos; qué nivel de evolución consciente tenemos; las consecuencias de nuestras acciones, y hacia dónde nos dirigimos de seguir así.

Los cambios político-sociales se están haciendo presentes, incluso aquellos que creíamos jamás sucederían. Un ejemplo es la transición de poderes en Estados Unidos en enero de 2021, así como sus posibles secuelas. La nación más poderosa del planeta se está transformando, y nada va a ser igual. Podemos ver los cambios en todos lados, y estos por supuesto continuarán en los próximos meses y años.

Los humanos tenemos cualidades creativas y de innovación que nos permiten solucionar retos y salir fortalecidos de ellos. Por ello, debemos de aprovechar esta gran oportunidad que nos tocó vivir para evolucionar como raza y corregir el camino que no era correcto antes de la pandemia, ya que de no hacerlo, acelerará nuestra extinción como raza humana.

La segunda parte es para mí el **ALMA** del libro. Procuro, de la forma más simple posible, concientizar sobre la importancia de ampliar la visión de lo que realmente somos y conocemos a la fecha. En el marco de esta, doy la referencia que va **DEL CORAZÓN AL UNIVERSO**.

Para empezar, quiero que entiendas por qué hago énfasis en la importancia del **CORAZÓN AL UNIVERSO**. En mi existencia en este planeta, el lenguaje y las palabras siempre han sido un reto. Desde que nací, tuve problemas para hablar. Por un lado, mi papá polaco me hablaba en un inglés canadiense, y por otro, mi mamá mexicana en español. Ellos comenzaron a preocuparse porque no lograba hablar, así que me llevaron con diferentes médicos. La

---

[1] Gaia significa "tierra". El nombre proviene de la mitología griega: era la diosa madre.

recomendación de uno de ellos fue que solo me hablaran en un idioma, y eso realmente me ayudó. También he de reconocer que el lenguaje no es un talento que tenga muy bien integrado en mi ADN, ya que hay niños que a esa edad hablan tres idiomas o más, pero bueno, cada uno tiene sus propios dones y talentos.

Al crecer, la dislexia se convirtió en parte de mi vida, ya que como te lo comenté anteriormente, sigo teniendo muchos errores de escritura y suele costarme trabajo aprender otros idiomas. Derivado de todo esto, sufrí durante mi proceso educativo y por supuesto, eso me generó inseguridad en cierta época. Sin embargo, esta deficiencia no evitó que desarrollara otros sentidos, tal como la gente a la que le falla la vista o el oído y siempre termina fortaleciendo los demás. De tal manera que lo que considero desarrollé más allá del estándar fue la capacidad de sentir. Sin duda, este sentido puede resultar incómodo y doloroso, no obstante, también puede ayudar a percibir y sentir la luz y el amor de una forma única e indescriptible.

Todo este escenario de la combinación de los sentimientos y el lenguaje me ha permitido comunicarme a lo largo de la vida. Ya que, a pesar de mi área de oportunidad, nunca fue una limitante para expresar lo que quería dar a entender a la otra persona.

Gracias a mi historia, aprendí que la comunicación es la base para la evolución y el crecimiento del ser humano. Debe de empezar con uno mismo hacia adentro y continuar en todas las demás interacciones que tengamos con el exterior: con la pareja, los amigos, en los negocios y no se diga en la política, puesto que si empleamos una palabra de manera incorrecta, puede llegar a iniciar guerras o grandes conflictos, derivados de la interpretación que cada uno le da a las palabras, esto aunado a los estados de ánimo que prevalezcan en ese momento.

Es crucial que comprendas que todo cuenta a la hora de comunicarse, desde la entonación que empleas hasta la forma en cómo el cuerpo se mueve al transmitir la información, lo que bien llamamos lenguaje corporal. Así que en este libro promuevo ampliamente el lenguaje del sentir, que por supuesto va de la mano de la palabra y no la sustituye en absoluto, pero que es un gran complemento en la comunicación no solo con otros seres humanos, sino la más importante, la que tienes contigo mismo, para que de esta forma aprendas a tener una relación más directa, pura y sin tantas interferencias con tu propia mente.

Todos podemos aprender a usar este lenguaje del sentir sin palabras. Este empieza en el corazón, que es la fuente poderosa generadora de la energía más pura y limpia, el AMOR, como lo explicaremos en la segunda parte. Su poder y alcance es increíble, ya que es infinito y llega a todo el universo. Es por ello la razón de ser y el tema central de este libro: del **CORAZÓN AL UNIVERSO.**

La física cuántica ya demuestra que somos más energía que materia. No solo nosotros, sino todo lo que nos rodea, donde estas energías están conectadas con la consciencia y con todo el Cosmos. Por lo tanto, las **POSIBILIDADES Y VISIONES** que podemos crear son **INFINITAS E ILIMITADAS.** Es solo cuestión de estar conscientes acerca de estas capacidades, del manejo adecuado y bien dirigido de nuestra propia energía, tomando siempre su base, **EL AMOR.**

En la tercera parte, te doy elementos prácticos que te ayudarán a vivir más del corazón al universo. Este es como un plan de mantenimiento diario que te permitirá estar en constante evolución, para lograr más paz y enfrentar con mayor tranquilidad los retos que se te presenten. Esta sección la puedes leer cuantas veces sea necesario, con el fin de recordarte lo que realmente eres y buscas en la vida.

Adicionalmente, te incluyo algunos ejercicios que te servirán como base para hacer una introspección. Con lo que hayas aprendido a lo largo del libro, podrás tener una visión más amplia. Todo esto te ayudará a estar más consciente acerca de lo que realmente quieres, ya que lo harás por medio de la comunicación con tu corazón y escucharás lo que él desea. Estoy seguro de que con lo aprendido resultará más fácil que lo oigas y tengas una visualización de tu propio y único plan de vida. Solo recuerda que esto es un marco de referencia y deberá de tener toda la flexibilidad para ajustarse a las circunstancias que se vayan presentando. Por lo tanto, este plan irá adaptándose con base en tu propia evolución interior coherente.

En uno de los capítulos de la tercera parte, te hablo de la importancia de la intención de vida, donde te pido que escribas cuáles son tus intenciones, por lo que a continuación te comparto, a modo de ejemplo, los 10 propósitos que busco alcanzar con este libro, tanto durante su lectura como cuando lo finalices. Mientras tanto, puedes ir pensando en las tuyas.

1. Que te ayude a vivir más desde el corazón y veas todas las posibilidades que te da el universo.
2. Que descubras un poco más de ti, ya que esto te ayudará a tomar mejores decisiones.
3. Que te sirva como un marco de referencia y siembre una semilla para tu propia evolución consciente-coherente.
4. Que te motive a descubrir tus pasiones, lo que te impulsa, lo que te gusta, para que sobre esa base puedas ir haciendo tu propio marco de referencia acerca de cómo quieres vivir.
5. Que desarrolles tu propósito de vida sobre intenciones y valores positivos.
6. Que hagas un plan de desarrollo sobre la base de las habilidades y aptitudes actuales que posees, así como una lista de nuevos CONOCIMIENTOS Y HABILIDADES que te gustaría adquirir, haciéndolo todo con curiosidad, creatividad y de forma placentera.
7. Que uses las herramientas que te doy y que te motiven a descubrir otras nuevas.
8. Que vivas con mayor paz, sepas aprovechar y aprecies los momentos felices con más consciencia coherente.
9. Que vivas en gratitud al ver todo lo que SÍ tienes.

10. Que enfrentes las incertidumbres con mayor tranquilidad y fe.

Espero lo disfrutes…

Con mucho cariño,

Mayki

PARTE I

Nuestro ecosistema y nuestros retos

En estos tiempos de innovación, donde no paran de aparecer nuevos datos de lo que sucede segundo a segundo, cada vez tenemos más acceso a una cantidad infinita de alternativas para encontrar toda clase de referencias sobre un tema; por ello, se ha vuelto todo un arte y una técnica el seleccionar la opción más apegada a la realidad o la que no sea **FALSA**. La información se encuentra tan manipulada que ya no se sabe cuál es la parte verdadera, porque se crean realidades con base en intereses y tendencias dependiendo de la fuente. No todos los medios son así, sin embargo, a diario tenemos este reto frente a nosotros: discernir cuál es la información más veraz.

Por ejemplo, cuando empezó la pandemia, nadie sabía con seguridad cuántos contagiados, enfermos y muertos resultaban al día. En algunos lugares se continúa con la manipulación de estos datos. La realidad tomará tiempo en conocerse y creo que la única manera de descubrirla será con un censo honesto a toda la población, para saber quién se enfermó y quién falleció dentro de las familias.

Conocer realmente donde está el problema, llamémoslo para formas más prácticas, el DOLOR, reconocer dónde nos duele específicamente de la manera más consciente, honesta y real, nos ayudará a tomar las mejores acciones correctivas y preventivas. Por el contrario, si la información no es verídica, las soluciones no podrán ser buenas y el resultado podría ser fatal. Es por ello que se torna tan importante hacer todo lo necesario para llegar al origen y detalle del dilema, identificar los elementos que lo conforman y analizar cómo este afecta tanto al entorno interno como externo. Cuanta más información se posea, existen mayores probabilidades de conseguir soluciones más efectivas para resolver lo que se presente. Partiendo de esta premisa, tratemos de descubrir cuáles son los dolores de la humanidad.

El libro está estructurado de tal forma que va de lo general a lo particular. Se empieza a explicar desde la visión macro tangible y después se entra más en el detalle de las partes, que generalmente es lo intangible. Podríamos decir que va de los datos duros a los suaves, o si usáramos los términos que se emplean en la tecnología, se va del HARDWARE, que es lo que se siente, al SOFTWARE, que es lo que no se toca pero hace funcionar el primero.

En esta primera parte, que está compuesta por 10 capítulos, te encontrarás un resumen de los eventos que considero más importantes: desde el inicio del todo hasta la conceptualización acerca de que vivimos en un universo muy ordenado que se está en expansión y del cual somos parte.

Durante su realización, me dediqué a investigar e incluir los últimos avances y descubrimientos de la ciencia en todos los temas que menciono. En algunos de los casos, las fuentes son de artículos que están en proceso de validación. Si deseas ampliar tus conocimientos sobre alguna materia, puedes revisarlas y hacer una mayor investigación.

Es relevante que tengas presente que lo que describo es lo descubierto hasta ahora; sin embargo, estoy seguro de que entraremos en una etapa donde se presentarán descubrimientos importantes, lo que probablemente sucederá en los próximos meses, años o en esta década (2020-2030), que va a ser histórica por muchas razones. La primera de ellas evidentemente es la pandemia, ya que generó eventos tanto positivos como negativos. Por otro lado, tenemos todos los avances tecnológicos que se están presentando con base en lo que se ha generado en los últimos tiempos, lo que nos lleva a una creación exponencial de nuevos progresos que incluso podrían cambiar algunas de las teorías aquí presentadas u otras existentes. Esto implica que, de una forma u otra, habrá grandes efectos en la forma en que vivimos. Por ejemplo, en la creación de nuevas fuentes de energía o en la medicina. No obstante, estos avances tecnológicos podrían afectar a toda la humanidad de una forma negativa si no son aplicados de forma positiva y coherente. Por ello te pido que te vuelvas consciente acerca del riesgo latente del uso de la tecnología.

"No podemos ser libres si no nos desprendemos de las brumas de la confusión mental y de la ignorancia que distorsionan la realidad"

(ANDRÉ, JOLLIEN, & RICARD, 2020).

Al terminar de leer esta primera parte, espero que tengas una visión macro acerca de dónde estás parado tanto en lo individual como en lo colectivo; es decir, que comprendas la situación actual que estamos atravesando como raza humana a nivel global, sus opciones, posibilidades y sobre todo, hacia dónde queremos o debemos evolucionar.

Es sumamente importante que nos volvamos seres conscientes y coherentes, que reconozcamos lo que somos capaces de lograr tanto en la prosperidad como en la destrucción. Espero que obtengas una visión universal acerca de lo que somos como seres humanos.

Te recomiendo que leas con calma. Considero importante recalcarlo por el siguiente motivo: aunque este libro está integrado por miles de palabras, se encuentra mayormente compuesto por mi energía y mi corazón, por lo que me gustaría que pudieras sentirlo cada vez que te encuentres leyéndolo.

Para mí el lenguaje es muy importante, sin embargo, también te sugiero adecuar el lugar en donde lo leas. Debe ser un espacio que resulte cómodo para ti, y siempre que puedas, acompaña tu lectura con alguna bebida de tu preferencia. No tiene que ser algo sofisticado, puede ser tan simple como un vaso de agua, que es un gran conductor de la energía. Agrega velas, olores y una libreta donde puedas escribir las ideas y conceptos que te vengan a la mente. Todo esto te ayudará a digerir mejor la información, podrás acumular todos estos datos y al final, repasarás cuáles son las ideas, planes o sueños que te gustaría lograr con base en lo aprendido.

Recuerda anotar libremente todo lo que se te ocurra; no lo pienses, ni analices demasiado, solo escríbelo. Te recomiendo que compres un cuaderno o libreta especial para este objetivo. Este es un gran ejercicio de comunicación contigo mismo, deja que tu ser exprese lo que desee. Dale toda la libertad para que tu niño interior se sienta con la confianza de salir y te proponga soluciones más creativas a cualquiera de los retos personales que estés enfrentando. Es decir, permítete **SER CREATIVO DESDE TU NIÑO INTERIOR**.

Cada vez que termines de leer un capítulo u obtengas información nueva, es muy importante que escribas QUÉ SIENTES. No tienes que esperar hasta el final de una sección. Si durante la lectura sientes algo, escríbelo. Ya irás descubriendo lo interesante que es vivir más enfocado en este lenguaje del sentir. Al principio tal vez no te diga nada, pero si continúas haciéndolo, encontrarás sutilmente una forma muy pura de comunicarte con tu ser interior. Cuando llegues a la segunda parte del libro, lo entenderás mejor.

1.1 Nuestro estado actual

Se habla que desde el 2008 estamos viviendo en un mundo tipo VICA, pero ¿qué es esto? Este término nació en el ejército de los EE. UU. tras el fin de la Guerra Fría, para definir entornos como los que estamos atravesando, tiempos turbulentos, intensos y muy inciertos. VICA, por sus siglas en español y portugués, es el acrónimo de Volatilidad, Incertidumbre, Complejidad y Ambigüedad. Se empezó a aplicar más en los años 90, y posteriormente, adquirió mayor popularidad durante la crisis del 2008.

La pandemia del 2020 expandió en sumo grado estos entornos; además, yo le adicionaría que ya existe un grado de AMENAZA y AVISO que, de ser ignorado, nos pone en riesgo de desaparecer como raza humana: bien se pueden ver afectados solo algunos sectores o deteriorarse la forma en que estamos acostumbrados a vivir. Esto último ya está sucediendo en muchas partes del mundo y resulta alarmante las consecuencias venideras si no hacemos los cambios necesarios. La buena noticia es que contamos con las soluciones; no obstante, depende del nivel de consciencia y coherencia que logremos alcanzar en los próximos años, y ya que el tiempo apremia, se vuelve vital el mejorar nuestra actitud y realizar cambios tanto a nivel personal como en lo colectivo.

A continuación, te presento algunas fuentes de lo que comentan filósofos, teólogos, líderes, empresarios y organizaciones mundiales sobre el entorno global, antes y durante las etapas de la pandemia del 2020.

Antes de la pandemia:

Leonardo Boff (2020) en su libro *Reflexiones de un viejo teólogo y pensador* afirma: "O cuidamos de la madre tierra, nuestra casa común, y nos damos la mano para trabajar juntos y en solidaridad, o formaremos el cortejo de quienes se dirigen a su propia sepultura" (pág. 10).

Asimismo, Fisher (2020) en la revista *MIT Technology Review Magazine* concluye: "Como adolescentes enfrentados repentinamente a las consecuencias de sus acciones, nos enfrentamos a una crisis provocada por nuestro cortoplacismo. Esperemos que resulte ser simplemente el impacto que necesitamos para crecer" (pág. 13).

Durante la pandemia:

> La crisis que estamos viviendo nos está impulsando a cambiar, lo deseemos o no. Nuestra elección no es si, sino cómo cambiar… Hoy estamos en medio de una transformación fundamental. Este es un cambio global, es un proceso de cambio que abre la puerta a una nueva era. Todo es abrazador, rápido, se extiende hasta el rincón más alejado del globo e involucra todos los aspectos de la vida. (Laszlo E. , 2020, pág. ix)

> "Por mucho que nos gustaría pensar en 2020 como una anomalía, puede que no lo sea. Las condiciones para acelerar el cambio se han estado construyendo durante años. Los avances en la tecnología de la información, la automatización, la interconectividad humana, la inteligencia artificial y los efectos de red, entre estos, crearon una nueva realidad donde el cambio es mucho más rápido, continuo y ubicuo. COVID-19 y sus derivados pusieron al descubierto una "nueva normalidad" de cambio, marcada por tres dimensiones:

> - Es perpetuo: ocurre todo el tiempo de manera continua.
> - Es omnipresente: se desarrolla en múltiples áreas de la vida a la vez.
> - Es exponencial: se acelera a un ritmo cada vez más rápido.

Este cambio tridimensional (3D) está definiendo nuestro futuro emergente y, como consecuencia, el liderazgo efectivo se definirá por la capacidad de navegar esta nueva realidad" (Chima & Gutman, 2020).

Ya existían desde hace mucho tiempo otras voces a nivel mundial, desde científicos hasta estudiosos del tema, dándonos avisos y señales urgentes acerca de los cambios necesarios para enfrentar los retos que nos acechan, tanto ecológicos, económicos, tecnológicos, políticos como los de salud. Muchos los podemos solucionar con lo que conocemos a la fecha. Para ello, se requiere de unión y actitud a un nivel personal con el fin de crear una sinergia mayor para resolverlos en el menor tiempo posible de la manera más productiva. No obstante, también hay otros retos NO CONOCIDOS, los cuales no podemos controlar, ya que han existido a lo largo de la historia de la Tierra; por ejemplo, las extinciones masivas de especies que han ocurrido por factores externos y pueden volver a suceder. En estos casos, también nos podemos preparar en conjunto para enfrentarlos de la mejor forma.

El hombre ha mostrado grandes capacidades para solucionar los problemas que ha enfrentado, sobre todo durante las épocas más difíciles de la humanidad. **EL SER HUMANO SE VUELVE MUY CREATIVO FRENTE A LA PRESIÓN**, y es ahí cuando se han presentado los más grandes avances.

Yo quiero mantenerme optimista y seguro de que estamos en un tiempo de **EVOLUCIÓN** como individuos. Es justo en este momento que podemos dar un salto muy grande como raza, en la forma que convivimos y en la utilización de todos y cada uno de los recursos que nos ofrecen tanto nuestro planeta como el universo. Es ahora cuando podemos brindar las mejores alternativas a los retos que se nos presentan. Estoy seguro de que poseemos muchas capacidades todavía no exploradas a un nivel del manejo de la consciencia. Por lo tanto, se torna fundamental el saber utilizarlas y manejarlas de una manera coherente; es solo cuestión de que lo decidamos.

34

1.2 ¿Cuál es nuestro origen?

Para entender con claridad las problemáticas y empezar a crear una visión más amplia es básico conocer los orígenes de todo. Sé que es muy amplio el tema, por lo que en las siguientes páginas realizo un extracto. Además, te recomiendo que leas estos dos libros excelentes donde se brinda el detalle de este inicio, pero sobre todo ofrecen un recorrido para entender un poco más sobre el ser humano. Los títulos son:

- La gran historia de todo, de David Christian.
- Sapiens. De animales a dioses. Breve Historia de la humanidad, de Yuval Noah Harari.

Comenzaré con la cronología de los eventos conocidos hasta ahora, el inicio del todo, el Big Bang, y terminaré con la evolución del *Homo sapiens* Moderno. Considero que la historia REAL aún no se conoce con exactitud; a lo largo del tiempo, hemos descubierto nuevos hechos e innovaciones que permiten confirmar teorías, por lo que hago dos clasificicaciones: ELEMENTOS CONOCIDOS VERIFICADOS POR LA CIENCIA y ELEMENTOS NO CONOCIDOS, QUE SON MÁS TEÓRICOS, pero que de alguna forma sabemos que están ahí o modificaron algún evento, aunque no contemos aún con las pruebas científicas para comprobarlo. Algo que también considero sucederá en los próximos años es una aceleración en descubrimientos de todo tipo.

Si analizas los últimos 100, 50, 10, 5 años y bueno, el 2020, existe una clara muestra de los cambios exponenciales a los que nos enfrentamos, y es un hecho que se avecinan muchos más: NUEVAS OLAS DE CAMBIOS, desde avances tecnológicos, médicos y descubrimientos que cambiarán, de una forma u otra, la manera en que vivimos. Por ejemplo, el saber qué es la energía oscura y su utilización práctica o el hallazgo de nueva información sobre eventos pasados no conocidos, donde se encuentre un nuevo fósil o pieza de nuestros antepasados. Estos sucesos pueden provocar que la historia se altere por completo y el futuro sea muy diferente a como lo tenemos contemplado.

La información está integrada en una tabla que te servirá para crear una visión más amplia, consciente y coherente acerca de cómo se enlazan los eventos y el amplio efecto que involucran. Además, te encontrarás comentarios que realicé de los eventos para ampliar, explicar y dar mi perspectiva.

¿Cuál es nuestro origen?

Hace cuánto sucedió el evento	Nombre del evento	Sucesos importantes de la etapa	Elementos básicos y las características importantes que lo conforman

13,820 millones de años	BIG BANG	El origen de donde nace todo lo que forma lo conocido, hasta ahora «comienzo de todo».
		
		A partir de esa explosión inicial, se ha demostrado que el universo está en EXPANSIÓN, los elementos que lo forman se están alejando unos de otros.
			Elementos conocidos hasta ahora, que forman lo que somos y nos rodean, son:
			❖ **LA ENERGÍA**
			  o Fuerza gravitacional
			    • Atrae las cosas entre sí.
			  o Fuerza magnética
			    • Es positiva o negativa.
			    • Fotones
			  o Fuerza nuclear fuerte
			  o Fuerza nuclear débil
			  La energía se desplaza en forma de ondas y con cierta frecuencia (igual que cuando se avienta una piedra al agua y se crean ondas que se mueven).
			❖ **LA MATERIA**
			  o Forma de energía altamente comprimida formada por:
			    • Átomos que contienen:
			      ▪ Neutrones
			      ▪ Protones
			      ▪ Electrones
			      ▪ Quarks
			      ▪ Neutrinos
			❖ **EL TIEMPO**
			❖ **EL ESPACIO**
			Elementos no conocidos, pero se sabe que están ahí.
			❖ **MATERIA Y ENERGÍA OSCURA**
			  o **Posiblemente es una fuerza antigravitatoria. Se dice que es el 95%** del componente principal que forma la masa de todo lo que integra el universo.
			  o Toda energía es vibración; la materia es una vibración que permanece confinada en un cierto volumen.
			  o Es el gran reto que tienen los científicos de hoy, descubrir y definir qué es exactamente este componente.
			Tanto los elementos conocidos y no conocidos se rigen por leyes, que nos dan orden y ayudan a que nuestro entorno no sea caótico; a estas las llamamos:
			❖ **LAS LEYES**
			  o **Tales como las leyes de la física, química, etc.** No sabemos cómo ni cuándo se establecieron o si rigen las mismas en otras partes del universo.

4,500 a 500 millones de años	FORMACIÓN DE LA TIERRA		• Hace 4,300 millones de años se genera agua. • Hace 4,000 millones de años se crea la vida temprana unicelular. • Hace 3,500 millones de años existe la primera evidencia de oxígeno. • Hace 1,300 millones de años surge la vida multicelular y las primeras evidencias de reproducción sexual. • Hace 600 millones de años se forma la capa de ozono y se reduce la radiación.

Si analizamos los elementos que se crearon desde el Big Bang a la fecha, de lo que está realmente formado casi nada es materia, sino ENERGÍA CONCENTRADA. En cuanto a lo no conocido, también parece ser una forma de energía, por lo que podemos deducir que **SOMOS ENERGÍA**. Esto lo resume muy bien el teólogo Leonardo Boff (2020) en su libro *Reflexiones de un viejo teólogo y pensador.*

> Es un ser cósmico, parte de un universo, posiblemente entre otros paralelos, articulado en once dimensiones (Teoría de cuerdas), formado por los mismos elementos fisicoquímicos, por las mismas energías y por el polvo cósmico que componen todos los seres. (pág. 15)

Partiendo de la costumbre en la cual nos han condicionado culturalmente de que vivimos en un mundo material y, por lo tanto, resolvemos nuestros retos bajo las mismas bases materiales, ¿qué pasaría si empezáramos a ampliar NUESTRA VISIÓN de que somos mucho más que materia? Resultaría en un mundo de posibilidades no conocidas acerca de lo que podemos llegar a ser y de las formas diferentes de solucionar nuestros problemas.

Tomemos estas frases célebres de Albert Einstein que aplican para ampliar nuestra visión:

- "No podemos resolver nuestros problemas pensando de la misma manera que cuando los creamos".
- "No tengo un talento especial... Soy solamente un apasionado curioso".
- "La mente es como un paracaídas… Solo funciona si la tenemos abierta".
- "El hombre que no tiene los ojos abiertos al misterio pasará por la vida sin ver nada".

En la actualidad, existe una enorme cantidad de información, datos y hechos que no se han comprobado científicamente. Algunas teorías ya se encuentran muy estudiadas, sin embargo, no han sido demostradas. Podemos decir que están "en espera". Únicamente es cuestión de que llegue el momento para que sean validadas por la ciencia, probablemente, a través de la aparición de nuevos descubrimientos, innovaciones y tecnologías que permitan comprobarlas o, en otros casos, solo se requiera contar con la apertura y ACTITUD MENTAL adecuada para coordinar en conjunto investigaciones más avanzadas.

Es importante recalcar que las nuevas teorías pueden cambiar la forma de cómo entendemos y percibimos nuestra "realidad", desde cómo se creó todo hasta de lo que está compuesta la materia y la misma energía.

1.3 Extinciones masivas

Después de que la Tierra tuvo sus inicios de vida, en su evolución durante casi 400 millones de años padeció cinco extinciones masivas (existe una discusión sobre si hubo una más). Se tiene el registro que la primera fue hace 450 millones de años y la última hace 65 millones de años.

Se considera extinción masiva cuando desaparecen sin descendencia un 10% o más de las especies a lo largo de un año o el 50% de las especies se extingue durante un lapso de 1 y 3.5 millones de años.

A continuación, enlisto las cinco extinciones y menciono la evidencia del evento que lo ocasionó, con el objetivo de que **conscienticemos** sobre el hecho de que no estamos exentos de que un nuevo acontecimiento de este tipo suceda durante nuestro lapso de vida en la Tierra o a las futuras generaciones que habiten el planeta.

Extinciones masivas

Hace cuánto sucedió el evento	Nombre del evento	Sucesos importantes de la etapa	Elementos básicos y características importantes que lo conforman
439 millones de años	Extinciones del Ordovícico-Silúrico	1.ª extinción masiva	• Se extinguen el 85% de las especies. • Evento que posiblemente lo causó: explosión supernova. • Efectos: subida y bajada de los océanos por glaciación.
367 millones de años	Extinción del Devónico-Carbonífero	2.ª extinción masiva	• Se extinguen el 82% de las especies. • Evento que posiblemente lo causó: pluma mantélica[2]. • Efectos: volcanes y temperaturas altas.
251 millones de años	Extinción del Pérmico-Triásico	3.ª extinción masiva	• Se extinguen el 82% de las especies. • Evento que posiblemente lo causó: meteorito. • Efectos: volcanes y temperaturas altas.

---

[2] Las plumas mantélicas son puntos calientes, *hotspots,* que se manifiestan en la superficie, cuyo origen es el manto profundo. Estas parecen estar formadas por grandes columnas de material sólido, caliente y de menor densidad, que ascienden a través del manto hasta la base de la litósfera.

210 millones de años	Extinción del Triásico-Jurásico	4.ª extinción masiva	<ul><li>Se extinguen el 76% de las especies.</li><li>Evento que lo causó: movimiento de las placas tectónicas.</li><li>Efectos: erupciones masivas.</li></ul>
65 millones de años	Extinción del Cretácico-Terciario	5.ª extinción masiva	<ul><li>Se extinguen el 76% de las especies.</li><li>Evento que lo causó: impacto del meteorito en Chicxulub.</li><li>Efectos: erupciones masivas.</li></ul>Momento clave de cambios geológicos y de la forma de vida en el planeta. El último de los dinosaurios dejó de existir. Fue el inicio de una nueva era dominada por los mamíferos y por el hombre. **Si este evento no hubiera sucedido, tal vez no existiríamos.**

¿Puede existir una SEXTA EXTINCIÓN? Claro que SÍ. Puede llegar en miles de años o mañana por factores que nosotros no controlamos, como lo vimos con las otras. El problema es que nosotros podríamos adelantar nuestra propia extinción, y de hecho, ya lo estamos haciendo. Para conocer más del tema de una forma especializada, recomiendo este excelente libro que ganó el Premio Pulitzer:

- The Sixth Extinction: An Unnatural History, de Elizabeth Kolbert.

Los hechos demuestran que el ser humano, aún con su modernidad, su tecnología y el poder que algunos tienen sobre otros, no domina ni las leyes de la Tierra ni de la naturaleza y muchos menos las del Universo; por el contrario, estamos a expensas de ellas. Un ejemplo claro es que invariablemente todos afrontaremos la muerte en determinado momento.

Durante la pandemia, el mundo empezó a pensar constantemente en la probabilidad de morir, cuando antes era algo sobre lo que no se reflexionaba tan a menudo y menos de una forma globalizada. Sin embargo, a raíz de que los medios mostraron las estadísticas de contagios diarios y acumulados, tanto a nivel local como global, al ver las estimaciones de las millones de muertes que había alrededor del mundo, se comenzó a percibir el concepto de la muerte como algo más común y cercano. Cabe mencionar que las creencias y experiencias que cada uno tenga sobre el tema de la muerte son muy personales, por lo tanto, totalmente válidas y respetables.

Entiendo que después de leer este capítulo puedas pensar que no hay nada que hacer, puesto que ya sea por causas naturales o por un evento externo, como un meteorito, inevitablemente vamos a morir. Sin embargo, te pido que antes de continuar con estos pensamientos catastróficos, te contestes las siguientes preguntas. Recuerda no cuestionarte si las respuestas son buenas o malas, todas son válidas.

- ¿Cuál es la razón de tu existencia: a qué viniste a la Tierra? (No importa si es un lapso corto o largo.)
- ¿Qué piensas que sucede después de la muerte? Sabemos que nos hacemos cenizas, pero ¿qué pasa con lo que no es físico, con toda la energía que te conforma partiendo de la ley de la naturaleza que dice: "La energía no se crea ni se destruye, solo se transforma"?
- ¿Cómo ha cambiado tu percepción acerca de la muerte a raíz de la pandemia?

Razona con calma y sin prisa. Recomiendo que anotes en tu diario todas las respuestas. Ponerlas en papel te ayudará como un proceso de catarsis en el caso de que hayas vivido un caso cercano a la muerte, o bien, te servirá para entender y aceptar mejor este proceso de la vida, lo cual aligerará la carga a la hora de confrontarte con ella.

Para cerrar el tema, quiero contarte que cuando escribía este capítulo, en enero del 2021, época de la segunda ola de la pandemia, donde los casos de muerte por COVID-19 eran muy altos en la Ciudad de México y en varias partes del mundo, un conocido me comentó acerca de su caso. Me dijo que al empezar era raro saber de alguien que hubiera muerto; sin embargo, conforme avanzaban los meses, también lo hacía la muerte, ya que se escuchaban casos cada vez más cercanos, hasta que finalmente el tema entraba en nuestro hogar.

A continuación, te comparto un artículo del Colegio Mexicano de Reiki que mi asistente Mary encontró. Considero importante incluirlo, ya que llegó en el momento apropiado y se relaciona con muchos de los conceptos que menciono en el libro.

LA MUERTE NO ES EL FIN...

> La muerte es quizá uno de los momentos más difíciles de la vida. Cuesta trabajo aceptarla y entenderla, porque no aprendimos a fluir con ella, ni a hacerla parte de nosotros.
>
> Nos enseñaron a vivirla como un hecho traumático, en vez de vivirla como un proceso natural de gran trascendencia en el que hay que agradecer y honrar con serenidad, amor y templanza al sagrado espíritu que nos acompañó en esta experiencia de vida, deseándole un buen viaje hacia su nueva experiencia evolutiva.
>
> La palabra "muerte" tiene tantas influencias negativas que habría que eliminarla de nuestro vocabulario y llamar a este proceso "trascender" o "trascendencia", porque eso es lo que hacemos, trascender a otra realidad, adecuada a nuestro estado de conciencia. Todos los miedos que

tenemos en la vida, la no aceptación de los ciclos, el apego, dependencias y las falsas seguridades que nos creamos tienen la raíz en el miedo a la muerte.

Solo el conocimiento, el entendimiento y el amor nos mostrará para qué nacemos, para qué estamos de forma temporal en este mundo material y para qué abandonamos el cuerpo físico.

Si pudiéramos comprender que no somos un cuerpo con espíritu, sino un espíritu con un cuerpo temporal para transitar un ciclo de vida terrenal, la pregunta no sería ¿por qué morimos?, sino ¿para qué tomamos este cuerpo físico?, ¿cuál es nuestra misión de vida?, ¿para qué abandonamos nuestro cuerpo físico y hacia dónde nos dirigimos en este infinito universo?

Cuando un ser querido abandona este mundo material en el que experimentamos la vida, está naciendo en otros planos de existencia continuando con su libre evolución. Si abandonamos el apego y el sufrimiento y activamos el amor incondicional hacia la persona que ha emprendido el viaje a otro nuevo mundo, los sentidos del alma podrán percibir la energía y el amor del ser querido que se fue.

Recuerda siempre la chispa de vida que tenía el ser querido en sus ojos, recuerda su energía y su amor. ¡La muerte es un tránsito a la vida! (Colegio Mexicano de Reiki, 2021)

1.4 Evolución del Homo Sapiens

Después de estas extinciones masivas, empezaron a surgir de una manera más definida los primates y los simios, los cuales son la base de la evolución de lo que hoy somos como seres humanos. A continuación, resumo la cronología desde la especie del *Homo*[3] hasta el *Homo Sapiens* Moderno. Las otras especies *Homos* fueron extinguiéndose.

Evolución del Homo Sapiens

Hace cuánto sucedió el evento	Dónde sucedió el evento	Nombre de la especie	Características más importantes de la especie
65 millones de años	Asia y África	Aparecen los primeros primates con cola.	Los primeros primates fueron animales pequeños que vivían la mayor parte del tiempo en los árboles.
7 millones de años	África	Aparecen las primeras especies de base humana.	Se genera una gran depresión terrestre, a la que se le llama El Valle del Riff. • Por un lado, están las partes altas montañosas, selvas húmedas ricas en alimentos donde quedaron los grandes primates chimpancés y gorilas (tenemos un 99% de genes comunes). • Por otro lado, surgen las partes bajas, las sabanas y regiones secas.

---

[3] *Homo Sapiens* que significa:
- *Homo* es la clasificación del **género,** en este caso llamado *homo* (hombre).
- *Sapiens* es el nombre de la clasificación de la **especie** (sabio) que solo se aparea entre sí. Es parte de una familia que proviene de los grandes simios, que incluye a los chimpancés, los gorilas y los orangutanes.

3.8 a 2.1 millones de años	Sureste de África actual, Etiopía y Tanzania	Simio Austral *Australopithecus* 105 cm – 151 cm 29 kg – 42 kg	"Ser con primeras características humanoides. Se cree que pasaba la mayor parte de su vida en los árboles" (Johanson, White, & Coppens, 2020).
2.4 a 1.4 millones de años	Se desplaza a diferentes zonas de África.	*Homo Habilis* 100 cm – 135 cm 32 kg	• Manejaba instrumentos, piedras pulidas y palos. • El tamaño del cerebro de este primer *homo* era de 600 centímetros cúbicos. • **"Se le considera el primer humano"** (Leakey, Tobias, & Napier, 2020).
1.9 millones de años a 110 mil años	África, Asia y Sudeste Asiático	*Homo Erectus* 145 cm – 185 cm 40 kg – 68 kg	• Primer hombre cazador-recolector. • Descubre y usa el fuego. • Articula palabras. • Andaba sobre dos piernas y recorría largas distancias. • Su cerebro es capaz de realizar una elaboración mental. • Tenía grupos de familias. • "Fue el *homo* que sobrevivió más tiempo, alrededor de 2 millones de años" (Dubois, 2020).
700 mil años a 200 mil años	África, Asia y Europa Central	*Homo Heidelbergensis* 157 cm – 175 cm 51 kg – 62 kg	"Estimación genética de la separación entre Neandertales y *Sapiens Moderno*" (Schoetensack, 2020).
400 mil años a 40 mil años	Asia Central y Europa	*Homo Neanderthalensis* "Neandertales" 155 cm – 164 cm 54 kg – 65 kg	• "Robustos, musculosos y adaptados al clima frío. • Aumento de la capacidad lingüística. • Excelentes cazadores y elaboraban sofisticadas herramientas para cazar.

			• Primeros en enterrar a sus difuntos" (King, 2020).
300 mil años a 70 mil años	África, Europa y Asia	*Homo Sapiens* 162 cm – 175 cm 61 kg – 75 kg	"Plenamente humano con: • Vida social • Lenguaje • Organización cooperativa para la subsistencia" (National Museum of Natural History, 2020).
70 mil años a 30 mil años	El *Homo Sapiens* empieza a invadir otras áreas.	*Homo Furens* "Guerrero"	**Revolución Cognitiva:** • "Nuevas maneras de pensar y comunicarse. • Existen las barcas, lámparas de aceite, arcos, flechas y ropa. • Empieza el arte, la religión y el comercio. • Posee capacidad de cooperación y vida social. • El *Homo Sapiens* expulsó a los Neandertales y a todas las demás especies del Oriente. • Hace 30,000 años desaparecieron los Neandertales. El momento y la causa de su desaparición aún es un tema controvertido entre los investigadores. El último descubrimiento fue en el 2006, en la cueva Gorham, de Gibraltar, con una datación de 24,000 años. Seguro se encontrarán más hallazgos en un futuro, que podrían cambiar estos datos" (Mayans, 2019).

| 30 mil años a la actualidad | África, Europa y Asia | *Homo Sapiens - Sapiens* "Moderno" | "Posee un cerebro ya complejo que es portador de:
• Autopercepción consciente e inteligente.
• Salto a ser cazador y no cazado por presas mayores a él. Paso a la cima de la cadena alimentaria con esta característica.
• El tamaño del cerebro de este *Homo* era del doble o más del primero (1,200 a 1,400 cm^3)" (American Museum of Natural History, 2020). |

Como podemos apreciar, los simios surgieron hace 40 millones de años. Después, hace aproximadamente 7 millones de años aparecieron los gorilas, que poseen 99% de genes comunes con los seres humanos. Tuvieron que pasar más de 30 millones de años para que estos gorilas-homos evolucionaran físicamente y caminaran en dos patas. Fue entonces como nació el *Homo Erectus*.

Los cambios en las capacidades de pensar, sentir amor, tener deseos y realizar cada vez actividades más complejas tomaron un lapso de 200,000 años. Sin embargo, en los últimos 100,000 años, se tuvo más desarrollo en la inteligencia y la consciencia, lo que fue un salto acelerado en la evolución del *Homo* y de sus capacidades comparado con el de otras especies.

El *Homo Sapiens* Moderno, que es lo que somos actualmente, se considera el ser más inteligente con respecto a todas las especies y criaturas vivientes de la Tierra, pero ¿cómo podemos saber qué tan inteligentes somos si solo nos comparamos con nuestros semejantes o con seres que consideramos "inferiores"? Para tener una visión a nivel macro es necesario cambiar nuestros parámetros y compararnos con algo superior a nosotros.

Con el objetivo de adentrarnos un poco más en este tema, traeré a colación a una persona que admiro por su inteligencia, Neil deGrasse Tyson, quien es un astrofísico, escritor y divulgador científico que tiene una manera muy práctica, pero sobre todo amena, de contar temas de la ciencia.

Durante uno de sus podcasts, el público le hizo cuestionamientos sobre el tema de la inteligencia. Una de las preguntas fue: **"Neil, si tú pudieras conocer la respuesta a algún concepto que te gustaría saber del universo, ¿cuál sería la pregunta más importante que tú harías?"**. (deGrasse Tyson, 2020)

DeGrasse Tyson respondió a esta interrogante en tres partes. Primero explicó el entorno y lo qué es un ser humano con inteligencia; luego, procuró dar una respuesta concisa a la pregunta que le hicieron, y finalmente, presentó un comparativo para que se entendiera dicha contestación.

> **¿Qué es INTELIGENCIA en un ser humano?** Si nosotros los humanos, que somos los primeros seres inteligentes en la Tierra, y lo que entendemos por inteligentes es que los seres humanos podemos hacer música, poesía, arte y ciencia al mismo tiempo (cosa que nadie logra), aparte podemos construir cosas, somos los primeros y únicos en esta categoría en hacer esto, si somos la primera especie en tener estas habilidades, entonces...
>
> **¿Quiénes somos nosotros para pensar que tenemos la suficiente inteligencia para contemplar toda la complejidad del Universo? ¿Cómo nos compararíamos con otros seres más inteligentes que nosotros?** (deGrasse Tyson, 2020)

Él continuó poniendo como ejemplo que imagináramos un planeta donde existen diferentes categorías de especies inteligentes (rangos de inteligencia), algunas mucho más que nosotros. Se preguntó: ¿cómo nos verían? Tal vez nos percibirían como nosotros a los chimpancés, que los consideramos criaturas que pueden hacer cosas básicas y utilizar herramientas, pero que no construyen aviones. Entonces, estos seres superinteligentes verían en nosotros que, aún con nuestra capacidad de elaborar pensamientos complejos, muchas veces **no sabemos ni qué preguntas hacer.**

Para comprender mejor esta narrativa, te recomiendo otro artículo que se compartió en uno de los periódicos más importantes de Israel, *The Jerusalem Post*. En el título decía: **"El exjefe de seguridad espacial israelí dice que los extraterrestres existen, la humanidad no está lista**…se mantienen en secreto para evitar la histeria hasta que la humanidad esté lista". (Reich, 2020)

No importa si en este momento creemos o no en la existencia de la vida extraterrestre. El punto aquí es cuestionarnos cuáles serían esas **PREGUNTAS QUE HARÍAMOS A UN SER MÁS INTELIGENTE QUE NOSOTROS.** Según el artículo, partiendo de que existen, ¿cuáles crees que podrían ser las razones por las que ellos consideran que no estamos listos para aceptar esa realidad? Y además, ¿tú realmente crees que estamos preparados para conocerlos y aceptar nuevas cosas, visiones, ideas, conceptos, descubrimientos, etc.? Te recomiendo que escribas en tu diario las respuestas y preguntas nuevas que tal vez te generen estos planteamientos.

Es importante que estés consciente que actualmente el ser humano tiene una gran competencia con las máquinas. Estos dispositivos están reemplazando actividades que el hombre solía hacer, ya que realizan las tareas de una manera más rápida y productiva, no se cansan, no duermen y mucho menos tienen conflictos con otras máquinas.

La inteligencia artificial nos presenta cada día nuevas y maravillosas innovaciones. Todo esto, sumado a una gran capacidad de almacenamiento y procesamiento de datos, que se realiza mediante sofisticados algoritmos, sirve para que las máquinas realicen acciones de manera más eficiente que un humano, por lo que competir contra todo este poder de información resulta sumamente difícil. De ahí que hoy en día la inteligencia artificial sea también una amenaza para los puestos de trabajo, ya que está sustituyendo en buena parte al individuo. Existe una EVOLUCIÓN ACELERADA DE LA TECNOLOGÍA que nos está dando mucho trabajo, ya que se vuelve más necesario el estar actualizándonos para ponernos a su mismo nivel o bien, pensar en realizar otra clase de actividades donde no compita con nosotros.

¿Qué sigue? Actualmente, estos dispositivos no piensan, ni tienen decisión propia, ya que dan resultados con base en una programación humana. Sin embargo, en una entrevista realizada a Yuval Noah Harari, especialista de los temas de la evolución del ser humano, este autor le preguntó a Bill Gates: "¿Cuánto tiempo tenemos para que una computadora me conozca más de lo que yo me conozco?", a lo que Bill Gates respondió: "Cuando una máquina pueda leer un libro y aprenda de ello es cuando podrá llegar a ser más inteligente que el ser humano" (Noah Harari, 2020). Estima que puede suceder en 50 años.

Mientras tanto, la pregunta persiste: ¿Qué es ser inteligente? Reconocidos psicólogos, avalados por estudios, donde se realizan pruebas de inteligencia y otros métodos para tratar de establecer si una persona es más inteligente que otra, aún no pueden determinar ni afirmar si alguien lo es o no. Un artículo de la BBC con el título **"Qué es la inteligencia, qué tan importante es y por qué no deberías decirle a nadie que es inteligente"**, comenta con mayor detalle acerca de estas investigaciones y sus resultados.

Mi conclusión es que la palabra INTELIGENCIA no está siendo bien aplicada. Muchas veces la utilizamos para marcar o diferenciar a alguien sin tener las bases correctas para afirmar o negar si es es o no inteligente o si tiene cierto nivel. Según quién o qué lo establezca, puede causar daño. Así que recomiendo que todos nos hagamos más conscientes de la forma en que utilizamos este término, porque es un concepto que aún está por definirse y depende de muchas variables.

Para cerrar este capítulo, comparto la versión de Ines Urdaneta sobre qué es "inteligencia", con base en su etimología:

Inter (entre) + ligne (línea) + ia (cualidad)= la
cualidad de leer entrelíneas.

1.5 ¿Evolución o involución?

Después de leer todo lo anterior, es inevitable preguntarse si el ser humano sigue evolucionando. Hay teorías que dicen que no y otras que sostienen que estamos en una fase acelerada. Personalmente, considero que dejar de hacerlo es imposible, ya que es un proceso natural, debido al cambio constante del entorno. Adaptarnos es propio de nuestra esencia.

Actualmente se estudia la posibilidad de que las innovaciones tecnológicas nos están haciendo más perezosos a la hora de pensar y razonar, lo que está ocasionando que nuestro coeficiente intelectual disminuya. Por el contrario, anteriormente el *Homo* tenía que estar en un constante proceso de creatividad para idear nuevas formas de enfrentar sus retos. Hoy la tecnología nos está solucionando las cosas, por lo que podría resultar que nuestro cerebro disminuya de tamaño, debido a que cada vez lo utilizamos menos. O bien, puede existir otra vertiente, donde los robots realicen todos los trabajos manuales y el ser humano se dedique a pensar y a resolver problemas más complejos. Para muestra, analicemos tres casos actuales acerca de la evolución:

Caso 1: Nativos Digitales: niños que desde nacimiento empiezan a convivir con la tecnología.

Michel Desmurget es un neurocientífico que, en su libro *La fábrica de cretinos digitales,* nos comenta que en sus investigaciones se observa que en algunos países, donde han mantenido estables los niveles socioeconómicos en la población durante décadas como Noruega, Dinamarca, Finlandia, Países Bajos, Francia y otros, los niños están presentando un nivel de coeficiente intelectual más bajo que el de sus padres. No se ha podido determinar con exactitud cuál es el factor que lo está causando con mayor grado, pero sí se sabe con seguridad que uno importante es el tiempo que pasan ante una pantalla, ya que está retrasando la maduración anatómica y funcional del cerebro. Habrá que esperar a que se amplíen los estudios e investigaciones para determinar con mayor precisión cuánto afectará esta circunstancia a los infantes.

Este puede ser un caso de RETROCESO EN LA EVOLUCIÓN del ser humano a futuro; la historia ya lo dirá. Mientras tanto, la interrogante es ¿qué van a hacer los padres? Lo que promuevo en este libro es que sean CONSCIENTES e investiguen más, para que validen diferentes fuentes y lleguen a sus propias conclusiones, de tal forma que decidan acerca de lo que es mejor para sus hijos en cuanto a la utilización de las nuevas tecnologías. Considero que todos debemos de poner atención a este tema, ya que marcará tendencia acerca de cómo evolucionará la especie humana en un entorno cada vez más digitalizado.

Caso 2: ¿Nos está volviendo Google más estúpidos?

Nicholas Carr, escritor estadounidense que ha publicado varios libros y artículos sobre los efectos de la tecnología en el ser humano, lanzó esta pregunta en el 2008: ¿nos está volviendo Google más estúpidos? Tiempo después, en el 2011, publicó su libro *The shallows: what the Internet is doing to our brains (Superficiales: lo que internet está haciendo con nuestras mentes)*.

Hoy asegura que sus predicciones se han vuelto realidad y son incluso peores de lo que imaginaba. A continuación, te comparto los puntos más importantes que mencionó durante una entrevista con la BBC:

- Nuestra capacidad para resolver problemas, concentrarnos e incluso mantener conversaciones profundas disminuye al tener cerca un celular, aunque se encuentre apagado.

- Obtenemos una enorme cantidad de información cuando navegamos por internet o cuando usamos el celular, pero nos llega de manera muy fragmentada: pedacitos de información que compiten entre sí, solapándose mutuamente. Al mismo tiempo, recibimos alertas y notificaciones, pero no nos sentimos estimulados para tomar las cosas con calma, para concentrarnos, para enfocarnos en algo o para prestar atención.

- Estamos perdiendo nuestra capacidad de implicarnos en las formas más elevadas de pensamiento que tenemos disponibles los seres humanos. La contemplación, la reflexión, la introspección e incluso la respiración profunda requieren que prestemos atención.

- Hemos visto todo tipo de efectos dañinos que emergen de la pereza y de la conveniencia de nuestra decisión de usar las redes sociales como el principal medio para informarnos sobre casi cualquier cosa.

- Esas empresas saben exactamente qué información deben de darnos para que sigamos volviendo por más, para que sigamos adictos a sus servicios.

- Por un lado, está esa enorme consolidación de poder de las grandes tecnologías. Por otro, nuestro propio comportamiento, que aumenta nuestra dependencia hacia ellas. (Blasco, 2021)

Apoyando estas teorías, existe otra investigadora y periodista española llamada Marta Peirano, que se especializa en tecnología y manipulación masiva. En su libro publicado en el 2019, *El enemigo conoce el sistema,* y en sus pláticas TEDx, resume muy bien esta problemática y comenta sobre una nueva economía que genera ingresos: la ECONOMÍA DE LA ATENCIÓN, donde las tecnologías provocan que seamos menos felices y productivos que nunca, ya que nos hacen adictos a todas esas herramientas que se encargan de raptar el cerebro, la voluntad, las horas de sueño, de amor y de paseo. (Massis, 2020)

Caso 3: Evolución acelerada en los elefantes de Gorongosa

Por otra parte, existe también la posibilidad de una evolución acelerada, en la que nos adaptaríamos cada vez más rápido a los cambios del ambiente. Tomemos un ejemplo espectacular documentado por las investigaciones de National Geographic: el de los elefantes de Gorongosa, en Mozambique.

En este caso, los elefantes están naciendo sin colmillos a causa de que, durante más de 15 años, han sido asediados y asesinados por su marfil. Hace décadas vivían más de 4,000 ejemplares. Según un nuevo estudio, de las 200 hembras adultas conocidas, la mitad no tiene colmillos, y el 32% de las nacidas desde la guerra también carecen de ellos. Lo que demuestra que los elefantes se adaptaron genéticamente para que no les crecieran los colmillos y evitar así su extinción. Este proceso evolutivo les tomó un período de 30 a 50 años. (Fine Maron, 2018)

Esto ocurrió gracias a la CONSCIENCIA. Fue una decisión, ya que nadie les modificó los genes en un laboratorio. Es un ejemplo muy claro de EVOLUCION INTERNA, en el que podemos percibir la maravilla de la naturaleza y las posibilidades infinitas que existen. Lo cual demuestra, una vez más, que tanto los animales como los seres humanos poseen una consciencia interna que conlleva un proceso natural de modificación y adaptación de las características físicas y no físicas para superar los retos que se presentan. Robert Lanza, reconocido científico de nuestra época, nos habla a profundidad de este tema. En su último libro *The Grand Biocentric*

Design, nos explica cómo la consciencia puede modificar estructuras del universo.

La mayoría de los seres humanos vivimos más gracias a los avances médicos y tecnológicos. Por esta razón se dice que no tenemos necesidad de seguir evolucionando, ya que nuestra existencia no se encuentra amenazada. No obstante, derivado de los acelerados y exponenciales avances tecnológicos y culturales que se presentan en todas las áreas, el hombre, en su proceso de adaptación, ha modificado su comportamiento diario y sus facultades naturales. Se podría catalogar como algo positivo, puesto que dicho cambio hace la vida más sencilla. Sin embargo, existen consecuencias negativas, donde por ejemplo se está perdiendo la capacidad de comunicación. Lo importante es observar los efectos a un nivel macro y su tendencia.

Cada uno tiene su propio ecosistema, y está en nosotros la decisión de cómo utilizar y aprovechar todos los avances. Lo primordial es ser CONSCIENTES acerca de todas las implicaciones. Esta es siempre la palabra mágica, **CONSCIENCIA.**

Desde mi perspectiva, actualmente la amenaza más grande somos nosotros mismos. Todos estos avances nos han llevado a perder, en muchos de los casos, el verdadero PROPÓSITO de nuestra existencia. Si quisiéramos, viviríamos en un mundo mejor y sacaríamos el mayor provecho de estos progresos; sin embargo, el principal problema es que vivimos y vemos más hacia fuera que hacia adentro, en un estado constante de egoísmo, donde no percibimos conscientemente todo lo que sucede a nuestro alrededor.

David Quammen, un especialista en temas científicos relacionados con la evolución y la ecología, anticipó, en el 2012 con la publicación de su libro *Derrame: las infecciones animales y la próxima pandemia humana,* que un virus podría salir de los mercados de alimentos de China y generaría una pandemia. En un artículo de la BBC, explica muy bien que el problema no es la ciencia o los conocimientos, sino la actitud del ser humano. *Coronavirus: "¿Por qué ha sido tan lento el esfuerzo por descubrir el origen del virus? No es por la ciencia, sino por la política".* (Serrano, 2021)

Entonces, ¿cuál sería el nombre que nos pondría la historia cuando revise nuestro comportamiento, nuestras características físicas y lo que hemos logrado en los últimos 200 años como especie, desde el nacimiento de la era industrial o materialista hasta el 2021? Yo le pondría:

HOMO EGO

Hablar de qué es el EGO es complejo, pero más que nada se puede decir que se trata de una característica que todos los humanos poseemos. El reto es cómo controlarlo o manejarlo. Si lo analizamos de una manera breve y con una visión macro, el sistema actual promueve de una forma bastante directa el valorar y mostrar más nuestra parte exterior que nuestro interior: darle a lo físico más valor que a lo intangible de nuestro ser. Se promueve el consumismo en todos los sentidos para satisfacer este ego, lo que se refleja individualmente como el exceso y el deseo de mostrar a los demás algo que no se es. Se da en forma de arrogancia, creyéndose más capacitado, poderoso, íntegro, popular y atractivo de lo que realmente se es, y no está mal tener estas cualidades, el problema es cómo se usan o se demuestran a los otros. Esto está generalmente ligado a la inseguridad.

Una manera de controlar el ego es con humildad, que no es negar o infravalorar las capacidades y los triunfos, sino ser moderadamente consciente de ellos. Lo contrario sería el autodesprecio, que es creerse menos de lo que se es, y puede ser aún más dañino, ya que este estado no permite avanzar y paraliza. El punto medio es la humildad: aceptarse tal como se es y luchar por alcanzar las metas y sueños, sin dañar o menospreciar a otros o al planeta con las acciones.

Los antídotos contra el ego, según los maestros de la antigüedad, son tres:

1. SER CONSCIENTES de la propia mortalidad; la vida es frágil.
2. SER CONSCIENTES de las vicisitudes de la vida. La fama es vapor; la popularidad es un accidente, y la riqueza necesita alas; lo que solo perdura es el CARÁCTER.
3. Cultivar la HUMILDAD y la ECUANIMIDAD:

VALORAR LAS COSAS POR IGUAL, NI POR DEFECTO NI POR EXCESO.

Ahora bien, ¿cómo nos gustaría que se definiera la próxima especie de *HOMO*, el que vivirá en los próximos 200 años o más? Y más importante aún, ¿qué características nos gustaría que tuviera? ¿Cómo nos gustaría que fuera la era de nuestros hijos, nietos y bisnietos?

En mis lecturas, encontré la historia fascinante de Barbara Marx Hubbard (1929-2019), mujer espectacular que fue una de las creadoras de la cosmovisión de la evolución consciente. Además de ser activista social, dio talleres a miles de estudiantes y escribió varios libros. Recomiendo ampliamente que revises su obra y videos. Una de las cosas más interesantes que aborda es el nuevo concepto del hombre, que evoluciona de un *HOMO SAPIENS SAPIENS* a un:

HOMO UNIVERSALIS

UNIVERSALIS es un término procedente de la palabra "polimatía", que se asocia a la sabiduría que abarca conocimientos diversos. Este concepto fue utilizado en la época renacentista para catalogar a los grandes pensadores de ese tiempo, liderados por Leonardo da Vinci. Ellos se caracterizaban por la variedad de saber que manejaban y por su gran capacidad de curiosidad, que los llevaba a aprender cosas nuevas y diferentes. Para ello, tenían apertura de visión.

En estudios recientes se hizo la comparación entre científicos comunes y ganadores del Premio Nobel. Sugirieron que los ganadores desarrollan, en paralelo, aficiones diferentes a su actividad principal y están más involucrados en proyectos artísticos u otras ramas, por lo que poseen un perfil de polímata con respecto a otros científicos.

Partiendo de lo anterior, es claro que en este mundo cambiante se volverá cada vez más necesario aprender cosas distintas y desarrollar nuevas habilidades de manera constante.

La conclusión es que necesitamos REDEFINIR de una manera CONSCIENTE qué queremos SER. Pensar bien qué características requerimos desarrollar para evolucionar hacia un nuevo *HOMO*, ya que, como lo hemos visto, el actual *HOMO SAPIENS SAPIENS* no se encuentra a la altura de lo que el planeta y el universo espera de él.

Por consiguiente, se vuelve cada vez más urgente desarrollar NUEVAS CARACTERÍSTICAS, para avanzar hacia la siguiente etapa de nuestra evolución CONSCIENTE-COHERENTE. Con base en lo aprendido como *HOMO SAPIENS SAPIENS* (MODERNO), los principales atributos a trabajar son:

- Desarrollo espiritual, partiendo del pensamiento de que somos un todo y de que la suma de nuestras acciones contribuye a mejorarlo, desde el nivel cuántico hasta el nivel universal. Tener una consciencia coherente.
- Desarrollo de nuestros valores básicos como seres humanos, comenzando por la unidad y el amor.
- Desarrollo de la importancia del sentido de comunidad.
- Desarrollo de la integración de la tecnología hacia el cuidado del planeta, del ser humano y de su mejor vivir con una visión más cósmica.

Esta lista está abierta para que sumes más elementos. Te invito a anotar en tu diario las características que te gustaría fomentar o mejorar en un nivel personal. Posteriormente, haz una lista de las que se deberían de trabajar como sociedad. Recuerda ser coherente; es decir, si pides que la sociedad posea ciertas cualidades, pregúntate a la vez si las estás llevando a cabo o si estás dispuesto a desarrollarlas.

¿Cuál sería el nombre del *homo* de esta nueva especie? Creo que es muy simple:

HOMO SAPIENS CONSCIENTE-COHERENTE

1.6 Homo Sapiens Consciente-Coherente

Para comprender con mayor claridad este nuevo concepto de *HOMO SAPIENS* CONSCIENTE-COHERENTE, analicemos primero qué significa ser CONSCIENTE-COHERENTE. A menudo, usamos estos vocablos como si fueran una marca o un logo. Son términos que se encuentran de moda y, por lo mismo, se emplean muy a la ligera; sin embargo, cada uno tiene un gran peso. Existen muchos libros y tratados donde se estudia su significado de una manera muy profunda, por lo que siempre recomiendo investigar más del tema. No obstante, a continuación, te brindaré un resumen y un marco de referencia para tener un punto de partida.

Profundicemos sobre qué tratan de decirnos estas palabras; primero de forma independiente y después, de manera conjunta, ya que tienen un significado en pareja de mucha importancia. Yo lo definiría como de **ALTA RESPONSABILIDAD**. Considero que tienen vida propia, por eso, procura SENTIRLAS. Te sorprenderás si lo haces, ya que tendrás más apertura para entender su verdadero significado y valor.

FUENTE	CONSCIENTE	COHERENTE / COHERENCIA
Diccionario Oxford	[Persona] Que siente, piensa y actúa con conocimiento de lo que hace.	Relación lógica entre dos cosas o entre las partes o elementos de algo de modo que no se produce contradicción ni oposición entre ellas.
Real Academia Española	Adj. Dicho de una persona: Que tiene conocimiento de algo o se da cuenta de ello, especialmente de los propios actos y sus consecuencias. Consciente de su error. Adj. Que tiene consciencia o facultad de reconocer la realidad.	Conexión, relación o unión de unas cosas con otras. Física. Cohesión (unión entre moléculas).
JURISTA, POLÍTICO, FILÓSOFO, ESCRITOR Y ORADOR ROMANO		
Marco Tulio Cicerón (106-43 a.C.)	"¿Por qué nos empeñamos en que el universo no es una inteligencia consciente, cuando da a luz inteligencias conscientes?".	

TEÓLOGOS - INVESTIGADORES - EMPRESARIOS	
Leonardo Boff Teólogo (1938-presente)	En primer lugar, lo que fascina a los científicos es la armonía y belleza del universo. Todo parece haber sido montado para que, a partir de la profundidad abisal de un océano de energía primordial, surgiesen las partículas elementales, después la materia ordenada, a continuación, la materia compleja, que es la vida y, finalmente, la materia en sintonía completa de vibraciones, formando una suprema unidad holística: la conciencia. (Boff, 2020, pág. 27)
Frederick Chavalit Tsao Empresario (1957-presente) Chris Laszlo Profesor	La conciencia es el despertar de la mente de sí misma, es una causa fundamental de quiénes somos, cómo nos comportamos con los demás y la naturaleza, y por qué actuamos de la manera que lo hacemos. Transformar nuestra consciencia es la herramienta más eficaz que tenemos para desbloquear el cambio local y global. (Chavalit Tsao & Laszlo, 2019, pág. 113)
Ervin Laszlo Filósofo de la ciencia (1932-presente)	La conciencia es el hecho más íntimo e inmediatamente conocido de nuestra experiencia; nos acompaña desde el nacimiento, presumiblemente, hasta la muerte. Es único y parece pertenecer exclusivamente a cada uno de nosotros. (Laszlo E. , 2007, pág. 49) Ser coherente es estar conectado con todo, ser uno con todo. El sentimiento que nos conecta es el amor, nuestra vibración en la misma frecuencia. Amar a la otra persona como nos amamos a nosotros mismos es el secreto de la **COHERENCIA ES UN ESTADO DE NUESTRA CONSCIENCIA**. (Laszlo E. , 2020, pág. 82)

CIENTÍFICOS	
Albert Einstein Físico (1879 -1955)	Un ser humano es parte del todo que llamamos universo, una parte limitada en el tiempo y en el espacio. Está convencido de que él mismo, sus pensamientos y sus sentimientos son algo independiente de los demás, una especie de ilusión óptica de su conciencia. Esa ilusión es una cárcel para nosotros, nos limita a nuestros deseos personales y a sentir afecto por los pocos que tenemos más cerca. Nuestra tarea tiene que ser liberarnos de esa cárcel, ampliando nuestro círculo de compasión, para abarcar a todos los seres vivos y a toda la naturaleza.
Erwin Schrödinger Físico (1887-1961)	"La conciencia es fundamental para cualquier comprensión verdadera de la realidad". (Lanza, Pavsic, & Berman, 2020, pág. 5)
David Bohm Físico (1917-1992)	La conciencia y el espíritu indican que hay una conciencia más allá de este cosmos y un espíritu trascendente. Bohm encuentra una propuesta ontológica que explica la consciencia como una mente individual, unificada por acciones físicas no-locales, que se mantiene unida a una mente cósmica. (Béjar, 2007)
Philip Low Neurocientífico	Decidimos llegar a un consenso y hacer una declaración para el público que no es científico. Es obvio para todos en este salón que los animales tienen conciencia, pero no es obvio para el resto del mundo. No es obvio para el resto del mundo occidental ni el lejano Oriente. No es algo obvio para la sociedad. (Low, 2012)

Robert Lanza Médico, científico y filósofo (1956-presente)	"Lo que percibimos como realidad es un proceso que involucra nuestra consciencia". (Lanza, Pavsic, & Berman, 2020, pág. 19)
Nassim Haramein (1962-presente)	Para ser consciente de uno mismo se debe tener retroalimentación. La conciencia es una retroalimentación entre el mundo externo y el mundo interno. Eso es fundamental para TODAS las cosas. Entonces TODAS las cosas son conscientes. Todas las cosas están alimentando información al vacío (espacio) y el vacío lo está retroalimentando… La cantidad que puede alimentar al sistema está relacionada directamente con su cantidad de resistencia en la cantidad de información que puede ingresar.
HeartMath Institute	De acuerdo con este instituto, la coherencia es: ○ Claridad de pensamiento, habla y compostura emocional. La cualidad de ser ordenado, consistente e inteligible (por ejemplo, una oración coherente). ○ Orden dentro de una forma de onda oscilatoria singular. Una distribución ordenada o constructiva del contenido de energía dentro de una sola forma de onda; auto coherencia (por ejemplo, onda sinusoidal).

Max Planck, considerado uno de los mejores físicos del siglo XX, gracias a su contribución a las bases de la ciencia cuántica, resume con la siguiente frase lo importante que es la consciencia:

Para complementar los puntos vistos anteriormente acerca de la evolución del *HOMO SAPIENS* y el significado de la CONSCIENCIA y la COHERENCIA, te comparto un nuevo concepto de Ervin Laszlo, la **SUPERCOHERENCIA,** que debería de ser el próximo propósito que buscáramos alcanzar.

Los próximos propósitos de la existencia humana son dobles. Por un lado, se trata de lograr lo que se conoce como SUPERCOHERENCIA para nuestro cerebro y cuerpo: la coherencia óptima de las células, órganos y sistemas de órganos que componen nuestro cerebro y cuerpo. Esto nos da salud y bienestar. Los próximos propósitos de la existencia humana también incluyen el logro de una SUPERCOHERENCIA con el mundo que nos rodea, que es una óptima alineación y armonía social y ecológica.

Los propósitos próximos de nuestra existencia abarcan la evolución de nuestra consciencia. Esta es una evolución que nos permite sentir empatía, unidad y amor incondicional por las personas y por el mundo. Nos proporciona la orientación que necesitamos para progresar hacia la supercoherencia en el cerebro y el cuerpo. (Laszlo E. , 2017, pág. 46)

De modo que recuerda la importancia de la CONSCIENCIA dentro de la CIENCIA. Es tal su grado de relevancia, que se ha estudiado a profundidad por muchos científicos renombrados y se ha integrado como parte elemental de la FÍSICA CUÁNTICA.

Para los físicos cuánticos, la observación es parte fundamental de las teorías cuánticas, por lo que se encuentra íntimamente ligada a la conciencia. Mencionan que con solo observar algo puede cambiarse la realidad. Erwin Schrödinger, Premio Nobel de Física en 1933, desarrolló la famosa polémica paradoja acerca de si el gato está vivo o muerto dentro de una caja cerrada. Mientras no se abra y se observe, no se sabrá la respuesta, por lo que hasta ese momento se encuentra vivo y muerto al mismo tiempo. Este es un claro ejemplo de cómo la observación MODIFICA LA CONSCIENCIA Y ESTA, A SU VEZ, FORMA la realidad. Si quieres saber más del tema, te recomiendo que busques en internet a Javier Santaolalla, quien es un apasionado doctor en física de partículas, ingeniero y divulgador científico, además de tener una forma muy divertida de explicar las cosas. Al final de este libro, te comparto el enlace de uno de sus videos.

Basándonos en lo anterior, la consciencia es parte fundamental de la vida misma y de la creación del todo, de ahí su importancia y valor, a pesar de ser un elemento intangible. Es fundamental que comprendas que si no hay consciencia no existe nada y no se crea nada.

Nuevamente, te reitero que es necesario que te vuelvas más curioso y hagas un análisis profundo acerca de lo que es la consciencia dentro y fuera de nosotros. Es muy importante que la estudies, la entiendas, pero principalmente que la sientas y la percibas como una energía que te rodea a cada instante. Adquiere una visión integral donde comprendas que somos parte de un todo, donde lo que haces, para bien o para mal, te afecta a ti, al entorno y a absolutamente todas las cosas. Nos encontramos unidos a una CONSCIENCIA COHERENTE Y CÓSMICA.

En conclusión, el ser humano tiene muchas vías hacia dónde dirigir su evolución. La historia no es lineal, depende en buena parte de las decisiones que tomemos y de qué tan conscientes seamos de ellas. Una u otra nos puede llevar a la propia extinción, a un dominio de las máquinas, a un camino de integración hacia un beneficio social coherente o a un sinfín de posibilidades. Tenemos una gran responsabilidad en estos próximos años, aunque en realidad siempre la hemos tenido. Esperemos que hoy realmente la asumamos, ya que es un momento histórico donde se definirá un nuevo camino.

Así que preguntémonos: ¿HACIA DÓNDE QUEREMOS IR?

1.7 ¿De qué estamos hechos los seres humanos y qué conforma el todo?

Decir de qué estamos hechos es todo un reto. Tomemos como base a las proteínas, las cuales determinan la forma y la estructura de las células y, de una forma muy misteriosa, **NO CONOCIDA**, adquieren el conocimiento de lo que tienen que hacer, ya que son responsables de realizar casi todos los procesos vitales que necesita el ser humano para mantenerse vivo. Son las encargadas de transformar en vida la información contenida en el ADN y llevar a cabo prácticamente todas las funciones celulares. Como podemos ver, se ponen de acuerdo para lograr un fin común: mantenernos vivos y protegernos. Tienen un alto grado de consciencia coherente. (Drinjakovic, 2018)

En el 2018, Brandon Ho y un equipo de investigadores de la Universidad de Toronto, Canadá, después de 20 estudios científicos diferentes, lograron calcular por primera vez el número exacto de proteínas que conforma una célula. Estimaron que existen 42 millones y son más de 6,000 tipos diferentes.

Abordar este tema resulta extenso y complejo, por lo que lo resumo con conocimientos básicos, brindando un marco de referencia acerca de lo que estamos hechos los humanos y el universo, con base en lo descubierto por la comunidad científica. Para los interesados que deseen profundizar más, durante el texto les compartiré algunas referencias donde encontrarán mayores detalles de cada elemento.

Te pido que tengas una visión global y partas de la base que existen **118 elementos químicos** conocidos, que se encuentran organizados e integrados en una tabla: la famosa TABLA

PERIÓDICA DE ELEMENTOS. Todos están formados por **átomos**, y estos están constituidos, a su vez, por **18 partículas elementales**.

Las partículas elementales fueron organizadas en un modelo llamado **"Modelo Estándar de la Física de Partículas"**, desarrollado en 1970. Describe la estructura fundamental de la materia y el vacío de lo conocido y descubierto hasta ahora, que coincide con las predicciones de la mecánica cuántica y la relatividad.

Estos 18 tipos básicos de partículas elementales se clasificaron de la siguiente manera:

- 12 fermiones (Tienen materia)
  - 6 quarks
  - 6 leptones
- 6 bosones (Transportan fuerzas)

Estoy seguro de que en los próximos años, o tal vez meses, se hablará con mayor frecuencia de estos temas y será como aprender un nuevo idioma que te permitirá tener una mejor comunicación contigo mismo y con el universo entero: empezarás a sentir que eres parte de un todo.

Esta información es importante porque es parte de nosotros. Entenderla te ayudará a pasar a otros niveles de consciencia, que es lo que se busca con este libro. No hay prisa. Recomiendo que hagas anotaciones y dibujos en tu diario de lo que entiendas y te apoyes en otras fuentes. Verás cuánto te puedes divertir.

Un documento muy útil es *Nociones Fundamentales del Zoo de Partículas Elementales según el Modelo Estándar,* de Méndez-Mantuano y otros excelentes investigadores. Resulta fácil de leer y profundiza a detalle sobre este asunto.

La siguiente tabla te brindará un mapa más claro para asimilar los elementos básicos de los que estamos formados y te dará muy buenas bases.

Antes de pasar a esta, te pido que, mientras la vayas leyendo, IMAGINES en tu mente cada uno de los elementos. Tómate una pausa y escribe tus propias conclusiones, lo que vayas sintiendo o las dudas que puedan surgirte. Además, anota qué porcentaje de ese elemento consideras TANGIBLE y qué, INTANGIBLE. No importa la cantidad, esto no es un examen, solo es para que tengas una idea de la dimensión de estos elementos y CONSCIENTICES acerca de cuánto de ti es MATERIA y cuánto ENERGÍA. Te servirá para darte cuenta de cómo cambia tu visión y el concepto que tenías de lo que estás formado. No pretendas tener la respuesta correcta. Hoy por hoy, los científicos no la tienen con precisión.

¿De qué estamos hechos los seres humanos y el Universo?

Elementos básicos del cuerpo humano	Cantidad total aproximada en el cuerpo y otras características importantes
Células	10×10^{12} 37,200,000,000,000 de células. 37.2 billones de células. (Hewings-Martin, 2017) Casi el 90% de las células de nuestro cuerpo se encuentran en la sangre. (Sender, Fuchs , & Milo, 2018)
Proteínas	En cada célula existen 42 millones de proteínas. 10×10^{21} 1,562,400,000,000,000,000,000 de proteínas. 1.56 mil trillones de proteínas.
Aminoácidos	Cada proteína se construye a partir de 20 aminoácidos proteicos, que son aquellos que están codificados en el genoma de la mayoría de los seres vivos.
Moléculas orgánicas	Las moléculas orgánicas son las que forman un aminoácido. (Brody, 2020) Hay cuatro clases de moléculas orgánicas que se incorporan a nuestro cuerpo con la comida: CARBOHIDRATOS, LÍPIDOS, PROTEÍNAS Y ÁCIDOS NUCLEICOS. 1.2×10^{27} 1,200,000,000,000,000,000,000,000,000 de moléculas. 1.2 mil cuatrillones de moléculas. (Socratic Q&A, 2017)
Átomos	Cada molécula de aminoácido se construye a partir de 3 átomos. Las moléculas orgánicas suelen estar compuestas por átomos de: CARBONO En anillos o cadenas largas, a las que se unen otros átomos de elementos como HIDRÓGENO, OXÍGENO y NITRÓGENO. 7×10^{27}

Elementos básicos de los átomos	Clasificaciones, características y reglas
	7,000,000,000,000,000,000,000,000,000 de átomos tiene en promedio cada ser humano. 7 mil cuatrillones de átomos, (Freitas Jr., 1998)

PROTONES
 	
NEUTRONES
 	
ELECTRONES
	El átomo se compone de protones y neutrones que se unen para formar el núcleo; mientras que los electrones giran alrededor de ese núcleo en una nube de neutrinos.
	
	• **Protón**
	   o Tiene carga POSITIVA.
	   o Está formado por 3 partículas subatómicas llamadas **quarks.**
	   o No se ha podido medir con exactitud.
	   o Es 1,800 veces más masivo que el electrón.
	• **Neutrón**
	   o Tienen carga NEUTRA.
	   o Está formado por 3 partículas subatómicas llamadas **quarks.**
	   o No se ha podido medir con exactitud, pero es casi igual al protón.
	• **Electrón**
	   o Tienen carga NEGATIVA.
	   o No se conoce a la fecha que tenga componentes; generalmente se le define como partícula elemental.
	En la visión estándar, las cargas positivas, o protones, están en el núcleo, y las cargas negativas, o electrones, están afuera del núcleo.
	
	Reglas básicas de los átomos:
	• Son neutros, es decir, tienen la misma carga positiva que negativa. De allí que sean estables.
	• Los átomos no neutros tienen otros nombres:
	   o Ión: Si es positivo.
	   o Anión: Si le falta carga negativa.
	   o Catión: Si le falta carga positiva.

- Un ELEMENTO QUÍMICO es un átomo. Existen átomos que poseen un número determinado de protones en su núcleo;

  dependiendo de esto, se clasifican por su número atómico.
- Existen 118 elementos atómicos que se clasifican en una tabla, 90 de los cuales constituyen todo lo que existe en el universo conocido a la fecha. Todos son átomos neutros; algunos de ellos, radiactivos.
  - **LA TABLA PERIÓDICA DE ELEMENTOS** fue diseñada por el químico ruso Dimitri Mendeléiev, en 1869. Enumera las propiedades FÍSICAS de todos elementos químicos que existen. (National Geographic, 2020).
- Está organizada de menor a mayor, según el número de protones que tiene cada átomo de ese elemento, que es igual al número atómico.
- Incluye la siguiente información de cada elemento:
- Nombre
- Símbolo químico
- Número atómico (cantidad de protones)
- Masa atómica
- Energía de ionización
- Electronegatividad
- Estado de oxidación
- Configuración electrónica
- Gracias a los símbolos químicos, se pueden abreviar los nombres de las materias cuando se da la combinación de átomos; por ejemplo:

  Dos moléculas de hidrógeno y una de oxígeno es igual a:

  H_2O (agua)

  En promedio, el 65% del cuerpo de un adulto es agua. Por lo tanto, es el elemento químico que más poseemos. Además, es un gran conductor eléctrico.

| 12
FERMIONES
(MATERIA)

6 QUARKS
y
6 LEPTONES | • **FERMIONES:** Son las subpartículas atómicas de **MATERIA** (Méndez–Mantuano, Egüez Caviedes, Morales Pastaza, Cruz Muñoz, & Mora Jurado, 2019, pág. 143). Se clasifican en:
  o **6 QUARKS** (Gell-Mann, 2020)
    ▪ Up (arriba)
    ▪ Down (abajo)
    ▪ Charm (encanto)
    ▪ Strange (extraño)
    ▪ Top (cima)
    ▪ Bottom (fondo)
Las reglas en los quarks:
    ▪ Algunos tienen cargas negativas y otros, cargas positivas.
    ▪ Cada uno tiene su antipartícula[4], la cual es diferente por tener carga eléctrica opuesta.
    ▪ Están unidos por la acción de la fuerza nuclear <u>fuerte</u> (Gluones).
    ▪ No se han encontrado a la fecha quarks libres: siempre están unidos con otros quarks. A esta unión se le llama: HADRONES (Mosca & Tipler, 2015), los que a su vez se clasifican en:
      o **BARIONES:** cuando están en grupo de tres quarks (protones y neutrones). (Méndez–Mantuano, Egüez Caviedes, Morales Pastaza, Cruz Muñoz, & Mora Jurado, 2019, pág. 127)
      o **MESONES:** Cuando están formados por un par de quarks. (Méndez–Mantuano, Egüez Caviedes, Morales Pastaza, Cruz Muñoz, & Mora Jurado, 2019, pág. 132) |

---

[4] Cuando hablamos de antimateria nos referimos a una sustancia que posee las mismas propiedades que la materia excepto que está formada por antipartículas. Las antipartículas son un reflejo de las partículas, se parecen a ellas, poseen su misma masa, pero poseen carga eléctrica y propiedades magnéticas opuestas.

	o **6 LEPTONES**
	    ■ Electrón
	    ■ Muón
	    ■ Tauón
	    ■ Neutrino electrónico
	    ■ Neutrino muónico
	    ■ Neutrino tauónico
	La regla en los leptones:
	    ■ Son partículas elementales indivisibles que participan en la interacción **débil.**
	    ■ Pueden tener carga eléctrica o no, como es el caso de los neutrinos.
	    ■ Cada uno tiene su correspondiente antipartícula.
	    ■ Los neutrinos son las partículas más abundantes del Universo.

6 BOSONES (FUERZAS)	• **BOSONES:** Son las partículas que transmiten o portan la fuerza resultante de la interacción de los fermiones. (Méndez-Mantuano, Egüez Caviedes, Morales Pastaza, Cruz Muñoz, & Mora Jurado, 2019)
	    o Gluón: fuerza nuclear fuerte.
	    o Fotón: fuerza electromagnética.
	    o Bosón w: fuerza nuclear débil.
	    o Bosón z: fuerza nuclear débil.
	    o Gravitón: fuerza de gravedad.
	    o Bosón de Higgs: partícula que otorga masa a todas las partículas detalladas por el Modelo Estándar.

Sin importar hace cuánto tiempo nacimos o la edad que tengamos, es fundamental estar conscientes de todos los átomos que nos formaron, forman y formarán, en el pasado, presente o futuro. Se crearon hace billones de años y salieron de una estrella, parte del universo, compuesta por átomos que provinieron del Big Bang. En pocas palabras, somos parte de estrellas y por lo tanto, parte del universo.

En todos los procesos que realiza la naturaleza se ven involucrados los elementos básicos y, como ya lo vimos, su interacción genera las diferentes fuerzas. Por ejemplo, al respirar inhalamos oxígeno y exhalamos dióxido de carbono (CO_2). En este ciclo, hay un intercambio de energía fotónica con el movimiento constante de carga positiva y negativa.

Todo lo que percibimos se debe a la emisión de fotones o a sus reflejos. Nuestros ojos no alcanzan a ver todo lo que existe, a causa de los diferentes niveles de vibraciones que no tenemos la capacidad de apreciar, pero que sin duda existen.

Aún hay un sinfín de misterios de la naturaleza sin resolver. Por ello, se continúan invirtiendo grandes recursos para la colaboración entre científicos de todo el mundo, a quienes los une la curiosidad y la pasión por lograr descubrimientos que ayuden a entender los enigmas sobre la formación del todo.

Para muestra de lo anterior, el CERN (Organización Europea para la Investigación Nuclear), uno de los centros de investigación más avanzados del mundo, se dedica al estudio de las partículas elementales. Ellos utilizan las tecnologías más avanzadas y desarrollan sus propias innovaciones para continuar indagando y descubriendo los secretos guardados que tiene la naturaleza. Aquí algunos detalles de este centro:

- El Gran Colisionador de Hadrones (LHC), el acelerador de partículas más grande y poderoso que existe, es la última incorporación en el CERN, ubicado en Ginebra, Suiza.

- Las prioridades científicas son el estudio del bosón de Higgs y la exploración de la frontera de las altas energías. Se espera que sea una poderosa herramienta para buscar física más allá del Modelo Estándar y apoyar proyectos de física de neutrinos en Japón y Estados Unidos.
- **Se ubica a 100 metros bajo tierra.**
- Cuando una partícula elemental es acelerada hasta casi la velocidad de la luz, completa en un segundo más de 11,000 vueltas al anillo de 27 km bajo la tierra, para después colisionar dos partículas que viajan en sentido contrario. Esto genera hasta mil millones de choques por segundo. Toda esta información es analizada por más de **7,000 computadoras.**
- En su momento trabajaron casi 10,000 físicos de 97 naciones.

Aportaciones importantes:

- Detección del bosón de Higgs (4 de Julio del 2012).
- En 1989, estando en las instalaciones, Tim Berners-Lee inventó la World Wide Web para el intercambio de información entre investigadores de todo el mundo.

En 1993, el CERN ofreció ese software al dominio público. Más tarde, puso a disposición una versión con licencia abierta, pasos clave para la expansión de la Red.

La Teoría del Modelo Estándar está incompleta. Hay postulados que no han podido explicarse en su totalidad, como el origen de la masa de los neutrinos. Esto lo comenta muy bien el experto y Nobel de Física en 2015, Takaaki Kajita: "La masa del neutrino ayudará a explicar por qué vivimos en un universo hecho de materia".

Esto quiere decir, una vez más, que a la fecha no se conoce de qué está hecha la mayor parte de la MATERIA que forma el universo y el todo. Por otro lado, con respecto al tema de las ENERGÍAS, de las 4 fuerzas conocidas, la de GRAVEDAD no se ha podido determinar con precisión y sigue en estado teórico.

Aún no existe una teoría completa que UNIFIQUE la FÍSICA CUÁNTICA, que se ocupa de los fenómenos físicos a escala microscópica, con la FÍSICA RELATIVISTA o TEORÍA DE LA RELATIVIDAD, que describe la física del movimiento en el marco de un ESPACIO-TIEMPO-PLANO.

Lo que sí se sabe es que todos venimos del mismo lugar y de la materia conocida como base, a la cual llamamos átomos. Según la NASA (National Aeronautics and Space Administration, 2014), estas partículas elementales únicamente suman el 4.5% de la masa de todo en el universo; el otro 95.5% que nos compone es lo NO CONOCIDO, el vacío.

Los estudiosos de varias ramas de la ciencia saben que algo está ahí. Hay varias teorías desde hace tiempo, y otras nuevas están naciendo; sin embargo, ninguna ha podido comprobar qué es. Actualmente, los científicos acordaron llamarle "ENERGÍA OSCURA".

Para dimensionarla, partamos del espacio que existe entre un átomo y su electrón. Hay una analogía muy usada que toma como referencia a un estadio de fútbol. Los electrones se encuentran en las gradas con el tamaño de un alfiler; el núcleo del átomo está en el centro del campo y tiene el tamaño aproximado de una semilla. Todo ese vacío que existe entre el átomo y el electrón es la energía oscura, por lo que podemos decir que el átomo casi se encuentra vacío.

De lo anterior, se puede inferir que al no poderse comprobar que el 95.5% (otros afirman que es casi el 99.9%) de lo que nos compone es masa, entonces es mayormente ENERGÍA. Para entenderlo mejor, a continuación analizaremos la famosa fórmula de Albert Einstein:

$$e = mc^2$$

Hay muchas formas de explicarla; yo lo haré de acuerdo con el sentido del libro, pero cada uno puede verificar su aplicación. Partiendo de la tabla que acabamos de estudiar, existen solo dos tipos de elementos que forman el universo:

ENERGÍA O FUERZA = e

MATERIA O MASA = m

La fórmula de Einstein incluye un elemento más:

VELOCIDAD = c

Dice: La energía (*e*) es igual a la masa (*m*) multiplicada por el cuadrado de la velocidad de la luz (c^2). Por consiguiente, cualquier MASA o PARTE FÍSICA que viaje a velocidades de la luz se convierte en ENERGÍA, o por el contrario, cualquier ENERGÍA que viaje a una MENOR velocidad de la luz se convierte en MATERIA. Es increíble cuánto ha generado una fórmula tan sencilla, que a la fecha se sigue estudiando.

En resumen, el principal componente del universo es la ENERGÍA, que viaja a grandes velocidades y se puede convertir en materia. Esta es la famosa dualidad, donde una partícula puede tener dos estados: **MATERIA o ENERGÍA.**

Ines Urdaneta me apoyó, como científica física, con esta explicación a detalle de los que es MATERIA, ENERGÍA y la fórmula $e=mc^2$:

> La materia es energía confinada a una región del espacio. La velocidad de la luz es una condición de frontera que marca la velocidad a la cual la energía confinada en una región se libera y propaga. *C* es un threshold. La ecuación **$e=mc^2$** es la versión no relativista de la ecuación completa, por eso se dice que esa **m** que aparece es la masa en reposo.

Cuando el cuerpo está en movimiento, su energía total es mayor que su energía de reposo, y equivalentemente su masa total (también llamada masa relativista en este contexto) es mayor que su masa de reposo. En este caso, habrá que completar la ecuación, incluyendo el término que involucra al momentum (velocidad).

Para visualizarlo mejor, puedes ver la famosa serie de televisión *Viaje a las estrellas,* donde en la nave Enterprise, parte de su tripulación es teletransportada a otro lugar: convierten la materia en luz, la transportan a un lado distinto y la vuelven a convertir en materia.

En la actualidad, hay cierto nivel de avance en el proceso de teletransportación cuántica a larga distancia. A finales del 2020, la NASA y otros laboratorios afiliados lograron la teletransportación sostenida a larga distancia de qubits[5] hechos de fotones. (American Physical Society, 2020) Esto ya es un comienzo básico en este tema, algo que nunca imaginamos se lograría. Es interesante como las películas y series futuristas proyectan productos o avances que después se vuelven realidad, como cuando salía el teléfono celular, que parecía un dispositivo superavanzado y hoy es totalmente natural contar con un aparato de este tipo en nuestras manos, con el cual podemos realizar cosas increíbles que hace no mucho resultaban impensables.

Los elementos básicos que conforman todo nuestro ser y fueron resumidos en la tabla son descubrimientos hechos por grandes científicos y mentes brillantes, que se han abocado a investigar y desarrollar nuevas teorías, sobre todo durante los últimos 100 años. Se han dedicado a estudiar, a fabricar instrumentos que puedan comprobar y verificar la existencia y características de estos elementos. Ahora imagínate lo que se descubrirá en los próximos 5 o 20 años

---

5 Qubits: es la unidad básica de información cuántica.

con las nuevas tecnologías. No dudo que pronto tendremos grandes sorpresas.

Para reforzar la información anterior, y entendiendo que siempre habrá nuevos descubrimientos en el campo de la física, te comparto que surgieron varias noticias que confirman la existencia de una nueva partícula. Algunos de los titulares en medios especializados señalan: "Nueva evidencia de que el mundo cuántico es incluso más extraño de lo que pensábamos" (Tally, 2020). "Además, los fragmentos de energía, no las ondas ni las partículas, pueden ser los bloques de construcción fundamentales del universo" (Silverberg, 2020).

Por otro lado, los físicos probaron que existen los aniones, un tercer tipo de partículas en el universo. Esto nos da una visión temprana de un tercer reino de cuasipartículas que solo surgen en dos dimensiones. (Ornes, 2020). Sin entrar en mayor detalle, este descubrimiento resulta sumamente importante para la física y para la computación cuántica, ya que esta nueva partícula, que se comporta diferente a lo clasificado hasta ahora, no es ni un FERMIÓN o BOSÓN; es decir, entra en una nueva categoría. Probablemente, cuando se publique este libro, habrá muchas explicaciones sobre este asunto.

El último descubrimiento del CERN, publicado en marzo de 2021, habla de un aparente comportamiento misterioso de una de las partículas subatómicas quark, clasificada como quark fondo (algunos se refieren a esta como Beauty quark), lo que arroja la posibilidad de encontrar otra partícula subatómica a la que están nombrando LEPTOQUARK, que podría ser una "nueva fuerza de la naturaleza". (Gibson, 2021)

Esto apenas empieza. Entraremos a un tipo de montaña rusa en cuestión de nuevos descubrimientos y teorías, ya lo verás. Conforme se comprueben más misterios, también se ampliará la aceptación de que es posible la existencia de "alguien" o "algo" que se encarga de organizar y hacer que todo funcione de esta manera tan bella, con gran perfección en todo el universo. Los conceptos de espiritualidad y ciencia se están uniendo nuevamente.

Abarcamos la parte TEÓRICA, sin embargo, la más importante es la NO TEÓRICA; eso intangible que se siente y se vibra, la energía. Por lo tanto, no se puede aprender, únicamente experimentar a través de sensaciones y sentimientos. Es la comunicación más empática, más amorosa, la que parte del corazón hacia dentro y hacia afuera de nosotros, la que nos vuelve más CONSCIENTES Y COHERENTES.

El principal objetivo es tomar consciencia y entender de una manera simple qué somos y cómo estamos formados. Si profundizamos, descubriremos que somos como un universo o, tal vez, que nuestro cuerpo está compuesto de muchos universos que se comunican al instante con todos sus componentes, quienes se mantienen constantemente actualizados acerca de cómo están todas las demás partes, apoyándose siempre entre sí para mantenernos protegidos, funcionando con la mayor energía posible, reaccionando a diferentes situaciones o buscando la mejor forma de adaptarse a nuevos entornos.

Pon especial atención en la cantidad de elementos que existen dentro de nuestro cuerpo y en todo lo que se encuentra a nuestro alrededor, porque te permitirá dimensionar ese universo que vive dentro tuyo, el cual conforma todo lo que se conoce hasta ahora.

Haz esta reflexión: si nos integran los elementos de la creación, del Big Bang y si partimos de la premisa que Dios se encuentra en todos lados, entonces también nosotros somos parte de Dios, ¿no crees?

Los seres humanos nos obsesionamos con obtener respuestas concretas de todo; no obstante, debemos relajarnos en estos procesos de aprendizaje y comprensión. Lo importante es no dejarnos sorprender de lo sencilla que es la naturaleza. Somos parte de ella, desde disfrutar un atardecer, una sonrisa, sentir el viento, ver la lluvia. Lo básico no cuesta. Generar estos estados, que son fuerzas y energías que se vuelven emociones, depende de nosotros. Tomar la decisión es cuestión de ver las cosas de forma diferente, con AMOR. Por ahí se dice que **no venimos a aprender nada, sino solo a recordar lo que realmente somos.**

1.8 ¿En dónde vivimos?

Todos interactuamos y vivimos en un planeta llamado TIERRA (muchos otros lo llaman GAIA). A través de ella, nos brindaron una OBRA DE ARTE. TUVO QUE EXISTIR MUCHA PASIÓN Y AMOR por parte de quien la hizo: es bellísima; en lo que la compone, hacia donde miremos, hay BELLEZA: en sus colores, formas, movimientos; en absolutamente todo, hay poesía. No solo en nuestro planeta. Si vemos al cielo y al espacio, es como estar en un museo donde se aprecia la ARMONÍA EN UNA INTEGRACIÓN DE UN TODO INFINITO DE FORMAS PERFECTAS.

Recomiendo ampliamente que veas la película *Contacto*, donde Jodie Foster interpreta a una científica. Pon mucha atención, abre tu corazón, tu consciencia y tu mente durante toda la filmación, pero sobre todo en el clímax, que es cuando la protagonista narra su llegada al planeta Vega, expresando lo que sintió y vio:

> Solo un avivamiento celestial; no, no tengo palabras, no hay palabras para describirlo, poesía.
>
> Deberían haber enviado a un poeta.
>
> Tan hermoso.
>
> Qué hermoso.
>
> Tan hermoso.
>
> Tan hermoso.
>
> No tenía idea.
>
> No tenía idea. No tenía idea. No tenía idea. No tenía idea. No tenía… (Zemeckis, 1997)

Para reforzar, te presento dos conceptos también muy válidos. El primero es de Antony Garrett Lisi; es muy simple y dice así: "Lo único que tiene sentido es si el universo es bello, simple y elegante".

El segundo, de Leonardo Boff, confronta al ser humano acerca de lo que ha hecho con su entorno; es decir, en qué tipo de civilización nos hemos vuelto:

> Espero ardientemente que los jóvenes que me lean tengan visiones esperanzadoras para el futuro de la vida y de nuestra madre Tierra, seriamente amenazadas por agresiones de todo tipo, debidas a la irracionalidad de nuestra civilización, que no conoce límites ni respeta ningún ser. (*Reflexiones de un viejo teólogo y pensador*, 2020, pág. 7)

Estamos enfrentando retos ecológicos de los que no estamos muy conscientes; por ello, no percibimos que ponen en peligro la vida de NUESTRA FAMILIA. Por supuesto, existen excepciones: muchas personas, empresas y líderes conscientes; sin embargo, hace falta una CONSCIENCIA COHERENTE a nivel global por parte de toda la sociedad.

Hay diversas opiniones acerca de si el ser humano es el causante de estos cambios o si se deben a un ciclo natural. En estas épocas de pensamientos polarizados, tengo la certeza de que como raza humana estamos contribuyendo a expandirlos y/o acelerarlos, además de crear nuevas amenazas en diferentes grados. Considero que lo peor es que estamos perdiendo el tiempo al no apoyar como sociedad mundial **a la implementación global de las alternativas propuestas por la comunidad científica para mitigar los daños.**

Es un hecho que no nos damos cuenta de que existe una interdependencia de la vida en este planeta, por lo que se están destruyendo ecosistemas de especies, los cuales son parte de un todo que da armonía a las OTRAS FAMILIAS para que funcione la Tierra. Por lo tanto, es primordial tener una CONSCIENCIA COHERENTE, comprender que estamos ligados, que somos parte de DE UNA GRAN FAMILIA y que las acciones de uno influyen en la armonía del entorno, tanto para bien como para mal.

Un ejemplo real es que algunas especies de abejas están en peligro de extinción debido a la agricultura intensiva y al cambio climático. Su desaparición sería una catástrofe mundial, ya que la polinización que realizan permite que se preserve la diversidad y la producción de alimentos. En la actualidad, se han unido personas y organizaciones CONSCIENTES de esta amenaza; con sus talentos y tecnología han creado iniciativas para protegerlas. Pero así como las abejas, hay muchos casos más de OTRAS FAMILIAS DE ESPECIES que están desapareciendo, y ya hay consecuencias irreparables que tienen efecto en nuestro ecosistema. Hasta ahora no hemos alcanzado a dilucidar el impacto y las consecuencias exponenciales de nuestras acciones; no hemos entendido que somos parte de una gran cadena.

Los seres humanos tenemos la inteligencia para cambiar esta tendencia. Existen los medios, la tecnología y los conocimientos, solo falta la actitud y la unión. Es importante y urgente que nos comportemos diferente, no como un virus para el mundo.

En el último reporte de la WWF Living Planet Report (WWF & Zoological Society of London, 2020) se concluye que la amenaza más grande para el planeta es que está decreciendo la biodiversidad de las especies que habitan en la Tierra. Un dato alarmante que estudiaron es que entre 1970 y 2016, la población de especies de vertebrados se redujo en un 68% en promedio a nivel mundial. Además, se identificaron las cinco principales amenazas que generan esta disminución:

1. Cambios en el uso de la tierra y el mar   50%
2. Sobreexplotación de especies   24%
3. Especies invasoras y enfermedades   13%
4. Contaminación   7%
5. Cambio climático   6%

Nosotros contamos con las soluciones para los retos que tenemos que enfrentar, como es el caso de las abejas, sobre el cual ya se está tomando acción; sin embargo, se necesita la ayuda de todos, la

ATENCIÓN Y ACCIÓN URGENTE de cada uno de nosotros. Esa es la razón principal por la que escribo este libro, para ayudar a cambiar la CONSCIENCIA como sociedad, para ampliar nuestra VISIÓN y ACTITUD y VERNOS COMO UN TODO, COMO UN GRAN FAMILIA. Es hora de dejar de percibirnos como entes separados. Necesitamos que este barco tome una mejor ruta, ya que también existe la posibilidad de crear nuestra propia extinción por tener una visión individualista y de corto plazo.

Se están formando olas de amenazas ecológicas de mayor tamaño que nos pueden revolcar; primero, por no quererlas ver; después, por no implementar acciones suficientes para aminorar el tamaño, y finalmente, por no prepararnos juntos para enfrentarlas. Sería muy difícil nuestra adaptación, y las acciones que tomáramos podrían precipitar el peligro. Anticipémonos a los cambios con una visión amplia, para así realizar acciones que sumen esfuerzos con el fin de generar la transformación necesaria que mejore la ruta a la que nos dirigimos, ya sea para bordear las olas o para surfear por encima de ellas y que no nos sumerjan.

Existen muchas voces especializadas que con desesperación piden cambios en nuestras actitudes y estilos de vida; el mismo sistema capitalista los necesita. A continuación, te comparto lo que dice un grupo de científicos de Australia, Suiza y el Reino Unido en un reporte publicado el 19 de junio de 2020:

> Las advertencias recientes de los científicos confirman tendencias alarmantes de degradación ambiental por la actividad humana, que conducen a cambios profundos en las funciones esenciales de sustento de la vida del planeta Tierra. Las advertencias suponen que la humanidad no ha logrado encontrar soluciones duraderas a estos cambios que plantean amenazas existenciales a los sistemas naturales, las economías y las sociedades y

exigen la acción de los gobiernos y las personas.
(Wiedman, Lenzen, Keyßer, & Steinberger, 2020)

Por su parte, el Secretario General de las Naciones Unidas, António Guterres, en el Día Mundial del Medio Ambiente en junio del 2020, mencionó que: "para cuidar de la humanidad, debemos cuidar de la naturaleza". (Fleming, 2020) Hay una aceptación generalizada de que el planeta se enfrenta a un punto de inflexión ecológico.

El 2018 fue nombrado por la ONU el Año Internacional de los Arrecifes de Coral. Los arrecifes no son rocas ni plantas, son animales coloniales. Gabriel Grimsditch, de la División de Ecosistemas Marinos del Programa de las Naciones Unidas para el Medio Ambiente, comentó: **"Los arrecifes de coral están siendo hervidos vivos"**. Grimsditch se refiere a que el aumento de las temperaturas del océano, una consecuencia del calentamiento global y de las actividades humanas tales como la emisión de gases de efecto invernadero, está literalmente matando a los arrecifes de coral. Si para el 2050 no se atienden las causas, el 90% de estos SUPERECOSISTEMAS, que proporcionan el hábitat del 25% de las especies marinas, podrían extintinguirse. (Quiñones, 2019) Esto ocasionará que haya menos pescados para alimentar a los humanos.

Este es un ejemplo de la INCONSCIENCIA del ser humano. Estamos exterminando ecosistemas, contaminando los mares con 8 millones de toneladas de plástico cada año (Lewsen, 2020), causando deforestaciones y la pérdida de biodiversidad. Todo esto agotará el suministro mundial de agua, empeorará los problemas de seguridad alimentaria, y si además consideramos que la demanda de alimentos está en crecimiento, pregúntate ¿cómo vamos a alimentar a los próximos mil millones de seres humanos?

¿SEGUIREMOS DESTRUYENDO? NO PUEDE SER QUE LA HUMANIDAD SEA TAN INCONSCIENTE. Tal vez algunos dirán que exagero; no obstante, si esto fuera la mitad de cierto, aún así resultaría sumamente alarmante. No me extenderé más en el tema cuando ya existe infinidad de información en todos lados. Nuevamente te reitero que la cuestión es tener la ACTITUD CORRECTA para hacer las transformaciones pertinentes.

Con seguridad, después de leer esto, te preguntarás por qué no hemos hecho los cambios que se requieren; sin embargo, la pregunta más importante es: ¿cómo empiezo yo?

En mi experiencia como consultor, siempre he estado en la búsqueda constante de herramientas, técnicas u otros medios para ayudar a las organizaciones y a la gente a tomar la ACCIÓN y la ACTITUD del cambio constante. En lo que más me he enfocado es en cómo acelerarlo y ayudar con la adaptación. Existe en este maravilloso mundo gente muy estudiosa, inteligente y con más experiencia que uno, por lo que mi otra especialidad es buscar e INTEGRAR la información de los expertos que considero válidos, que empatan con los mismos valores y visiones que poseo.

Tengo a bien compartirte que Otto Scharmer y su equipo tienen muy estudiado el tema del por qué no apretamos el BOTÓN DE LA ACCIÓN GLOBAL. Con su teoría de U, lo explica de una manera muy clara. Él comenta que las razones por las cuales no hacemos los cambios se pueden proyectar en una U invertida, con los siguientes tres puntos:

- Mente Cerrada = IGNORANCIA
- Corazón Cerrado = ODIO
- Voluntad Cerrada = MIEDO

Además, da los elementos que se necesitan para lograr los cambios que nos planteemos. La teoría U son etapas con un procedimiento bien establecido, que ya se ha puesto en práctica en varios países con gran éxito, en diferentes niveles de organizaciones, gobiernos, líderes, comunidades y por supuesto a nivel individual, ya que es justo ahí donde se debe comenzar.

De acuerdo a esta, lo que necesitamos para hacer los cambios que deseamos son los siguientes elementos:

- Mente Abierta = CURIOSIDAD
- Corazón Abierto = COMPASIÓN
- Voluntad Abierta = CORAJE

Suena muy simple ¿no? Esto no se compra en ningún lado; no es nada material; al contrario, son bienes INTANGIBLES, ya que son VALORES que se encuentran dentro de nosotros. Todos los poseemos; es solo cuestión de decidirse a aplicarlos en nuestra vida diaria. Claro, no es algo que se pueda implementar de la noche a la mañana, conllevará mucho trabajo personal; no obstante, vale totalmente la pena.

Te recomiendo tomar el curso o leer los libros de Otto Scharmer. Cada año da un curso gratis en línea llamado u.lab 1x; adicionalmente, tiene actividades y minitalleres. Hay mucha información y referencias en la página que abarca todas sus actividades en el instituto Presencing Institute. Puedes extraer algunas ideas, ver lo que te gusta y funciona. Al final, cada uno crea su propia razón para HACER EL CAMBIO. Lo importante es realizarlo con una visión más amplia y una consciencia coherente. Se trata de ser curioso y de darte a la tarea de investigar. Después de todo, el planeta ha sido durante mucho tiempo muy paciente con los seres humanos. Siempre está buscando la forma de autosanarse; sin embargo, está claro que lo seguimos enfermando por falta de CONSCIENCIA COHERENTE.

La Tierra es parte de un sistema universal y de un orden. Existen leyes cósmicas y naturales que no pueden pasarse por alto. Si continuamos con la necedad de seguir abusando de ella, enfermándola cada día más, se encargará de deshacerse del mal que la aqueja: los humanos. O bien, si nuestro nivel de consciencia no se eleva, seremos nosotros mismos quienes nos eliminaremos entre sí y la ella no será más que un OBSERVADORA.

Probablemente nuestro planeta solo esté preparando el terreno para que lo habite una raza más evolucionada que nosotros. Recordemos que el tiempo es relativo y, por lo tanto, miles de años no significan nada para él, tal como lo vimos en las primeras tablas. No tiene prisa alguna, tiene su tiempo. Los que deberíamos apresurarnos por cambiar somos nosotros, ya que como inquilinos nos estamos portando muy mal. Más nos vale empezar a ser mejores habitantes, trabajar en unión para los retos que enfrentamos como humanidad y para posibles eventos inesperados, ya que como te lo mencione previamente, no estamos exentos de los ciclos naturales. Recuerda que la Tierra también vive en un espacio, el Cosmos, donde suceden acontecimientos no controlados por ella.

En general, existen muchas iniciativas para mejorar nuestro planeta. Van en todos los niveles, desde lo individual hasta lo colectivo, y por supuesto, estos ya son esfuerzos importantes. Sin embargo, si realmente queremos que funcionen, no podemos esperar a que los otros actúen. Lo fundamental es que cada uno tome la iniciativa para cumplir el principal objetivo mundial: lograr cero emisiones de dióxido de carbono (CO_2) en 2050.

Varios países están introduciendo leyes y políticas con este objetivo. No obstante, como lo mencioné anteriormente, no podemos esperar a que todas estas iniciativas se vayan implementando. Todos tenemos que participar de una u otra manera, a través de la generación y consumo de nuevos productos y servicios que no perjudiquen a la Tierra. Por consiguiente, tendremos que crear y adquirir artículos que en sus procesos de fabricación, distribución o ejecución cumplan con la política de cero emisiones de dióxido de carbono.

Se requiere de una nueva forma de hacer las cosas, donde las instituciones internacionales, gobiernos, empresarios, filántropos y público en general se unan por un mismo objetivo. No podemos depender únicamente de la acción de los gobiernos; ellos no pueden solos y tampoco pueden liderar los cambios de una manera rápida, ya que las estructuras gubernamentales tienden a tener procesos lentos. Por lo tanto, dependerán en buena parte de la iniciativa privada.

Te invito a pensar qué podemos hacer como consumidores de forma inmediata. Empecemos por lo más importante: adquirir consciencia acerca de lo que está sucediendo. Por eso te exhorto una vez más a que investigues a profundidad, leyendo diferentes fuentes que sean reconocidas y confiables, para que puedas armar una línea de acción con base en las recomendaciones y avances que se estén logrando. Al mismo tiempo, puedes comenzar a comprar productos locales y ecológicos. Es importante recordar que todas las actividades suman, desde reciclar hasta plantar árboles. Tus hábitos de consumo tendrán que cambiar paulatinamente, y como sociedad, tenemos que hacer hincapié para que las empresas tomen su debida responsabilidad, trabajando en el desarrollo y fabricación de productos que no generen CO_2, o que lo hagan lo menos posible. Por supuesto, también tenemos que presionar para que los gobiernos implementen regulaciones que sirvan a este fin.

Generar sinergia entre todos es la única manera de lograr la meta de cero emisiones para el 2050. **Producir prosperidad sin contaminar a la Tierra.** Ese es el gran dilema.

1.9 Entorno económico y político

La economía y la política son factores externos con serias implicaciones en la vida de los seres humanos. Las podemos observar, por ejemplo, en los casos de ataques al corazón, por los cuales mucha gente muere y que son causados por el estrés que provoca el enfrentarse a las situaciones actuales. Al final, nosotros mismos se lo generamos al cuerpo; después de todo, ni nuestras células ni nuestros átomos saben qué son la política y la economía, pero perciben la energía que les enviamos hasta que tienen que reaccionar para defenderse de este sobrevoltaje constante. Con su sabiduría, nos envían avisos por medio de enfermedades, con el fin de que reaccionemos; es decir, le comunican al líder del cuerpo cómo están sintiendo el daño que se les está causando; sin embargo, al igual que en una empresa, si este no quiere escuchar los avisos y no cambia su forma de vida, tarde o temprano los efectos y consecuencias se presentarán de diferentes formas: con más enfermedades o incluso con la muerte misma.

En la política, siempre han existido un sinnúmero de cambios en los países con implicaciones de todo tipo que han afectado la vida de muchas poblaciones, ya que algunos jefes políticos han amenazado la integridad de la vida de los otros y, como consecuencia, ha habido una gran cantidad de muertes.

A raíz de lo anterior, se ha generado un enfrentamiento entre las diferentes clases sociales, donde muchas veces la población está cansada de promesas de políticos y de que el actual sistema no les genere un mejor estilo de vida, pues las clases con poder, dinero y relaciones se enriquecen más y la pobreza crece. Justo en estos ambientes nacen los líderes populistas que, en mi opinión, se aprovechan de los malestares de la población, de la falta de atención y la mala calidad de vida a la que se han enfrentado por tantos años.

Anne Applebaum, ganadora del Premio Pulitzer en 2004, durante una entrevista que el periódico El País le realizó acerca de cómo veía la salud de la democracia en esta época de tiempos populistas, contestó:

> Complicada. Existe un déficit y cierta crisis que a muchas de ellas les afecta interna y externamente. Rusia y China se muestran muy activas promoviendo la causa del autoritarismo en todo el mundo. Rusia lo hace con sus campañas de desinformación y China, comprando compañías o presionando a ciertos países. Los sistemas democráticos, por primera vez en años, están siendo puestos en cuestión y afrontan una competencia con tintes autoritarios. Vivimos la mayor transformación en la era de la información desde los tiempos de la imprenta. (Mantilla, 2021)

Este libro lo empecé a escribir a principios de octubre del 2020; desde entonces, no ha dejado de haber cambios en los sectores económicos y políticos de diferentes partes del mundo. Han sucedido eventos trascendentales históricos como la toma del Capitolio en Washington por seguidores de Trump, por lo que podemos deducir que transiciones importantes se avecinan en todo el mundo, ya que por simple lógica muchas estructuras o bases se tienen que actualizar o adaptar a los nuevos tiempos. Ya había señales desde antes de la aparición del COVID-19: la influencia de los nuevos avances tecnológicos y de una sociedad más despierta, comunicada y descontenta.

En cuanto a la parte económica se refiere, incluso antes de la pandemia ya se comentaba sobre una posible crisis global, pues existían indicadores que así lo sugerían. Ahora bien, se presentó el coronavirus y, a la fecha (inicios del 2021), se ha paralizado la economía mundial con efectos conocidos por todos (los cuales no se habían visto desde la Segunda Guerra Mundial): desempleos masivos y gobiernos inyectando dinero para tratar de evitar daños más grandes. Sin embargo, los efectos han sido en su mayoría a nivel individual.

No soy economista ni político, me considero más un humanista, y desde mi perspectiva queda claro que los sistemas que nos rigen están fallando; no obstante, elijo pensar de forma positiva, que nacieron con una BUENA INTENCIÓN SOCIAL, aunque algo esté pasando y estén siendo aprovechados por gente con poder económico y político para su beneficio, quienes no están dispuestos a cederlo.

De nuevo te pido que tengas una visión más macro y veas la historia como ha sido. Ray Dalio, gran inversor y filántropo, ha estudiado y examinado los períodos económicos y políticos más turbulentos de la historia en los últimos 500 años. Él explica que está compuesta por ciclos que se repiten: imperios caen y otros toman sus lugares. Primero, cayó el imperio holandés y resurgió el imperio británico; posteriormente, llegó la Segunda Guerra Mundial; sucumbió el imperio británico y nació el americano. Ahora pensemos ¿qué sigue?, ¿puede caer el imperio americano y levantarse el chino? De acuerdo con su blog, este ciclo tiene la siguiente secuencia:

1. Nace un nuevo orden mundial.
2. Empiezan tiempos de paz, prosperidad, productividad y crecimiento de las deudas de países y personas.
3. Nacen burbujas y acumulación de deudas por un lado, y por el otro, existen grandes brechas de riqueza y pobreza.
4. Caída de la deuda y recesión económica.
5. Se imprime dinero y se da más crédito.
6. Se generan revoluciones y guerras.
7. Deuda y reestructuración política.
8. Inicio de un nuevo ciclo: nace un nuevo orden mundial… (Dalio, 2020)

Si se toma esta secuencia como base para identificar dónde se encuentra actualmente el mundo y si aplica a lo que vivimos, considero que estamos oscilando entre los puntos 4 y 7. Como podrás notar cada país o región se ubica en una etapa diferente, pero lo que está claro es que estamos en recesión económica, derivada en parte de la situación de pandemia. Tengo fe de que en el futuro se cree un nuevo orden mundial más coherente y mejor para todos.

Hoy por hoy, nos enfrentamos a nuevos retos tecnológicos, políticos, económicos y ecológicos. Se nos está presentando la oportunidad de hacer muchas reestructuraciones en todas las áreas de nuestra vida. Empecemos desde lo individual, buscando la forma de adaptarnos a los cambios que estamos viviendo.

Todos en el mundo, de una manera u otra, estamos dentro de estos sistemas y ciclos interactuando a nivel macro; no obstante, ya existen corrientes y tendencias para vivir de forma diferente. Una que me llama mucho la atención y cada vez crece más es la de vivir en comunidades más pequeñas o rurales, saliéndose de las ciudades y cambiando prioridades, con el fin de reducir los niveles de estrés.

Otros están creando microcomunidades avanzadas con un sistema propio de convivencia social–político–económico, bajo una visión más comunitaria y ecológica. Un ejemplo es la llamada Ecocivilización, que nació en el 2020 y está estructurada con una base de modelos de cohesión sostenible.

En los próximos años, el concepto de crear comunidades crecerá a niveles más macro. Los estados y provincias de varios países ya están empezando a ser más independientes de las políticas federales. Por lo tanto, buscarán ser más regionales, adecuarán las leyes y la economía de acuerdo con las características propias de su población. Algunos ya están creando sus propios servidores de red con el fin de salirse del internet global, logrando así ser independientes y tener una plataforma propia.

A futuro, los diferentes territorios de los países ejercerán y tomarán más liderazgo (eso ya está sucediendo). Se generarán más corrientes regionales que funcionarán como micropaíses. Al final, no importa cómo se estructuren, lo cierto es que los sistemas no serán iguales a los que hoy existen. En 30 años o menos, serán distintos, ya que el planeta, el medio ambiente y la población no podrán mantenerse y preservarse de seguir con los métodos actuales. No hay forma de llegar al objetivo de cero emisiones de CO^2 para el 2050 con las estructuras políticas y sociales actuales.

Otras variables muy importantes de las cuales todos debemos estar conscientes dentro de este contexto político–económico–social–cultural es el poder de la comunicación, la venta de productos y el almacenamiento de los datos, que son controlados por muy pocas compañías a nivel mundial. Durante una entrevista realizada por la BBC, Marta Peraino describe muy bien la situación:

> Hoy los gobiernos y la sociedad no han podido determinar cómo responder a este nuevo poder. La misma sociedad, líderes, gobiernos y cada uno de nosotros usamos estos servicios, donde cada vez se está creando más dependencia hacia estas compañías. Un gran reto a futuro es encontrar cómo equilibrar a la tecnología que ya está influyendo indirectamente en la toma de las decisiones de todos. Si vemos las películas con temas futuristas, en muchas de ellas se ve que el poder no es de los gobiernos sino de corporaciones privadas, que tienen el control sobre los gobiernos y la población. Por eso te pido que tengas cuidado y de nuevo, seamos conscientes como sociedad acerca de qué tipo de sistemas políticos-económicos deseamos a futuro. (Massis, 2020)

Ahí están los hechos y tendencias actuales. Con la pandemia del 2020, la tecnología adquirió mayor relevancia y se adentró más en la vida de cada uno de nosotros: desde la forma de trabajar con el famoso home office, de reunirnos con familiares y amigos, de ir a la escuela de nuestros hijos, de comprar, de dormir y hasta del sexo, en algunos casos. Resulta impresionante cómo llegaron todos estos cambios, que nunca imaginamos, en tan poco tiempo. Lo que conocíamos se modificó en tan solo 5 u 8 meses. Se implementaron nuevos sistemas. Habrá que ver cuántos permanecerán después de que termine la pandemia o si regresaremos a los anteriores. Desde mi punto de vista, nada será igual a como era antes, pero ya la historia lo dirá.

Es importante darnos cuenta de que se crearon nuevas posibilidades que han cambiado sistemas clásicos preestablecidos en las diferentes áreas de existencia del ser humano. Con la información, nuevas opciones y posibilidades se abren ante nosotros. Es fundamental tomar decisiones conscientes y coherentes de manera individual acerca de lo que es mejor para uno mismo, para nuestra familia, para la sociedad y para el planeta entero.

Pregúntate: ¿cuál crees que es el mejor sistema político-económico para el futuro?

1.10 Ser líder en este nuevo mundo

Si se desea transformar el mundo, deben de existir líderes que sumen estrategias para hacer cambios que sean replicados por otros. El liderazgo es sumamente importante y debe de partir de uno mismo, porque al final cada quien es su propio líder: nosotros dirigimos nuestros caminos de vida, por lo tanto, esta es una cualidad que se debe promover.

Te platicaré mi experiencia como consultor de empresas. Mi especialidad es apoyar a las organizaciones a generar una nueva estrategia con base en una visión a corto, mediano y largo plazo (3, 5 y 10 años principalmente). Ofrezco este servicio con el nombre de INTEGRACIÓN ESTRATÉGICA ORGANIZACIONAL Y PERSONAL.

Como primer paso, suelo realizar un diagnóstico para conocer el estado en el que se encuentra la empresa, lo que me ayuda a tener buenas bases para partir con el análisis. Inicio con una entrevista al CEO para conocer su visión de todo el negocio y de lo que busca a futuro, en la que incluyo preguntas para conocerlo en lo personal; es decir, cómo se encuentra en lo individual, en qué etapa está y qué quiere lograr a futuro en su vida privada.

Esas son las bases de mi consultoría: LA INTEGRACIÓN DE LA VISIÓN de la empresa con el PROYECTO DE VIDA de los que participan en ella, desde el CEO hasta cada uno de los integrantes que la conforman. Generalmente se queda a nivel dirección y gerencias, en un grupo de 20 a 25 personas máximo. Para el caso de los equipos de fútbol, esto se realiza con toda la estructura, desde los dueños del equipo, administrativos, entrenadores, utileros y los jugadores, en diferentes sesiones.

Después de varios años dedicándome a este tema, me di cuenta de que, en los diagnósticos, la dificultad que aparecía por lo regular en primer lugar era la falta de COMUNICACIÓN. Esta falla se podía presentar entre las áreas, entre los jefes, entre el CEO y su equipo, y la peor, pero más importante de todas, con uno mismo, al no saber qué se quiere o se espera de sí. Normalmente, se le echaba la culpa a los demás o a factores externos; sin embargo, la mayor parte de las cuestiones a resolver se debían a una mala comunicación a nivel personal, incluyendo a los CEO. Es por ello que la considero la madre de todos los problemas.

Es increíble cómo el ser humano tiene tantas deficiencias y dificultades a la hora de comunicarse, empezando consigo mismo. No se tiene claro que se quiere, la verdadera intención y el propósito de por qué se desea hacer esa acción u otra, y si además le sumamos nuestras propias inseguridades, miedos y hasta resentimientos con las otras partes, se vuelve aún más complejo transmitir claramente lo que se desea, incluso aunque se sepa, ya que intervienen emociones y esquemas preconcebidos. Todo el tiempo nos preocupamos acerca de cómo decir las cosas de la mejor forma posible para que la otra persona lo entienda y lo tome de la manera correcta. Por estas razones, muchas veces se opta por no expresar lo que sentimos o pensamos, sin darnos cuenta de que con el tiempo se crean problemas más grandes.

En la comunicación entran en juego muchas variables, por lo que es necesario que todos veamos la importancia que tiene en cada una de las áreas de la vida. Lo principal es comenzar por nosotros mismos, descubrir qué es lo que QUEREMOS EN EL MOMENTO. Este libro busca exactamente eso: apoyarte en ampliar tu visión para mejorar la comunicación contigo mismo y por supuesto, con los que te rodean. Como siempre, para enriquecer este *SOFT SKILL* (HABILIDAD BLANDA), se requiere ser consciente.

Durante el proceso de diagnóstico, en mis talleres, con los integrantes de las organizaciones, procuro motivar constantemente a que los participantes se abran a decir las cosas, ya que ellos son los verdaderos conocedores de la problemática real de la empresa. La suma de esos datos e información aunada a las metodologías que manejo arrojan un dictamen muy preciso de la SITUACIÓN REAL de la compañía, visto desde sus raíces por el mismo personal.

En mi estrategia es básico conocer el problema real lo más pronto posible, ubicar dónde está EL DOLOR, conociéndolo y reconociéndolo todos. Esto contribuye a que se puedan plantear mejores soluciones y alternativas para corregirlo. Además, después de este proceso, los siguientes pasos fluyen de manera más sencilla, ya que cuando todos distinguen y aceptan el dolor (problema) se experimenta una sensación de alivio. Posteriormente, todos entran en el mismo canal y, lo que es aún más importante, se vuelven CONSCIENTES de la razón de la dificultad y de que solucionarlo beneficiará a todos. Esto genera que se perciban como parte de un todo, como una GRAN FAMILIA.

Por supuesto, siempre hay alguien que no está de acuerdo y pone resistencia; no obstante, tarde o temprano, cuando se suma la mayoría a una visión compartida CONSCIENTE y COHERENTE, el mismo entorno se encarga de incomodar a los que no están alineados. Por lo tanto, lo que termina sucediendo es que la persona cambia y se adapta o bien, sale de la empresa de forma natural. Es tan fácil como eso.

Para que todo el equipo comprenda el entorno externo que enfrenta la organización, tanto en sus amenazas como oportunidades, investigo previamente el ambiente en el que se mueve la compañía y lo sumo a la información proporcionada por el CEO. Después de esto, se presentan a todos los integrantes el escenario y los retos externos que la empresa tiene en ese momento y a futuro. Adicionalmente, se complementa con las aportaciones de los otros integrantes del taller, lo que genera que la problemática o las oportunidades que el entorno presenta para la organización sean comprendidas por todos. El objetivo es que todos ENTIENDAN y se genere una CONSCIENCIA colectiva del grupo, con el fin de enfrentar o aprovechar lo que el exterior presenta en ese momento.

Esta metodología tiene como principal propósito identificar dónde se encuentra el dolor interno; por supuesto, también entender cuáles son las fortalezas que posee la compañía, las amenazas posibles que pueden existir en el exterior, así como sus oportunidades. Lo interesante es que esta labor no se realiza únicamente a través de mis investigaciones, sino que todos son partícipes, lo que desemboca en un mayor sentimiento de unión entre los integrantes; en consecuencia, hay mejoras en la comunicación y una consciencia coherente en todo el ecosistema de la organización porque no solo entienden la problemática, sino que la sienten en su sangre y entienden que son parte de un todo.

Una vez identificados los puntos anteriores, me enfoco en la parte macro de las organizaciones y los proyectos; es decir, en establecer un esquema de plan de acción con base en los resultados obtenidos en el diagnóstico, implementado a detalle por las diferentes áreas de la empresa.

Dentro de toda empresa, no importa el tamaño, existen estos componentes, que son los que considero más importantes y son los que evalúo:

1. Liderazgo
2. Comunicación interna
3. Cultura organizacional y valores

Cabe destacar que casi siempre he encontrado mayor resistencia a la implementación de novedades en los niveles directivos o puestos de poder. La razón principal es MIEDO o INSEGURIDAD en cuestiones como:

- Perder el control de su autoridad.
- Su imagen se afectará por no tener los conocimientos nuevos.

- Su zona de confort cambiará.

Al final, tarde o temprano, los cambios sucedían generados por las bases, por las presiones que naturalmente surgían de la necesidad de adaptación al mercado y a nuevos tipos de clientes. De no hacerlos, las amenazas eran perder mercado o desaparecer por no adelantarse y por la resistencia de los líderes.

Hoy esto aplica más que nunca, ya que el futuro es cada vez más incierto. La capacidad de ajuste y flexibilidad por parte no solo de la dirección sino de toda la organización en su conjunto tanto a nivel colectivo como personal se vuelve fundamental si se quiere perdurar por mucho tiempo en el negocio, aún más en estos tiempos de postpandemia. No importa si somos nuestros propios jefes en una pequeña empresa o si trabajamos para una gran compañía, es necesario que se implante una CULTURA NUEVA DE ADAPTACIÓN e INNOVACIÓN (aprendizaje constante) con una VISIÓN SOCIAL.

Me gustaría compartir dos recomendaciones acerca de lo que considero que los líderes y las empresas de cualquier tamaño deben incluir dentro de su estrategia de negocios e implementar lo más pronto posible:

1. Fomentar la creación de un AMBIENTE EMOCIONALMENTE CREATIVO.
2. Implementar una CULTURA DE LA INNOVACIÓN como parte fundamental de la empresa o negocio.

La importancia de los dos puntos anteriores radica en que exista una cultura organizacional donde el personal se sienta cómodo, que desde que empiece su trabajo esté motivado a estar ahí, a comunicarse libremente, a aportar ideas, a trabajar en equipo y a ser productivo. Igual de importante es que ningún colaborador se sienta menos o más que los otros, sino que los perciba como una familia y busque el beneficio colectivo: de sus clientes, proveedores, jefes y compañeros.

Resulta crucial crear un ambiente donde existan valores, todos se apoyen y haya una adecuada salud mental y emocional para los trabajadores, donde no exista una permanente sensación de miedo, ya sea causado por la experiencia de la pandemia, por la hostilidad con los compañeros de trabajo o jefes o por temor a ser despedido.

Ahora más que nunca las empresas deben de ayudar a su personal a superar esta situación de crisis. Recomiendo que acudan a especialistas en el tema, tomen cursos presenciales o en línea, lo que mejor les funcione y les dé confianza. Los líderes deben de tener esta iniciativa y deseo de apoyar a sus colaboradores. Creéme cuando digo que esto puede marcar la diferencia entre que la empresa se mantenga, sea productiva, innovadora o que desaparezca por no tener la capacidad de brindar a su fuerza laboral un estado emocional estable y creativo.

John Hagel, empresario y consultor en Deloitte, McKinsey & Co, quien actualmente ocupa puestos de liderazgo en el World Economic Forum y en la facultad de Singularity University con más de 40 años de experiencia, nos comparte en su blog algunas estrategias exitosas que deberíamos considerar:

> Necesitamos repensar la estrategia a un nivel fundamental y enfocarnos
>
> mucho más en las emociones de todos los participantes para que podamos realmente desatar el poder de la atracción… Cada vez somos más a los que nos consume la emoción del miedo, y dadas las fuerzas a largo plazo que dan forma a nuestro mundo actual, es probable que ese miedo se intensifique. Si bien el miedo es ciertamente comprensible, nosotros, como seres humanos, no queremos vivir con miedo; tenemos un hambre profunda de esperanza y emoción. Las instituciones que comprendan y actúen para abordar esa necesidad emocional insatisfecha crearán un valor

enorme para sus partes interesadas. Ahora, dígame, ¿cuándo fue la última vez que participó en una discusión de estrategia que comenzó con un esfuerzo por comprender las necesidades emocionales de los participantes a quienes su institución atiende? Las estrategias exitosas de la próxima década comenzarán con el cultivo de una comprensión profunda de estas necesidades emocionales insatisfechas y luego desarrollarán enfoques únicos que sean efectivos para abordar estas necesidades emocionales. (Hagel, 2021)

A todo lo anterior se suma que las empresas deben de incluir, dentro de la cultura organizacional, a la INNOVACIÓN como un proceso interno esencial que debe de ser implementado y promovido por el líder en el día a día. Esto permitirá reinventarse constantemente como negocio a través de la generación de nuevas ideas o conceptos, desde la mejora continua de los procesos de toda la cadena de valor hasta la capacidad de identificar las posibles amenazas y oportunidades que el entorno externo cambiante pueda presentar. Por ello, se torna fundamental adelantarse y prepararse para estar listos para afrontar los nuevos retos, trabajando en unión en un ambiente emocionalmente creativo que genere la capacidad de reacción y adaptación a los cambios del entorno en tiempo y forma, de manera eficiente.

Hoy más que nunca el mundo necesita que todos seamos líderes. Empecemos por generar una transformación en nosotros mismos. No importa el tamaño, lo importante es iniciar ese momento de arranque. No es necesario tener todas las respuestas para comenzar. Cuando se crea una innovación, se corrige en el camino, y las señales que indican hacia dónde ir van apareciendo, lo que motiva y da más impulso cada día. Quedarnos sentados, esperando a que lleguen las respuestas, nos puede conducir a una parálisis emocional, donde las olas del cambio nos revolcarán y entraremos en un estado de supervivencia. Adelantémonos y creemos un mejor mundo para todos.

Conclusión

Los temas que se tocaron en esta primera parte tienen que ver mucho con un aspecto histórico y del pasado hasta llegar al presente, donde tenemos el poder de destruir o crear un mejor planeta para vivir.

Además, repasamos de dónde salió todo, de qué estamos hechos, cómo evolucionamos como seres humanos, el estado actual de la Tierra, los sistemas económicos y políticos, finalizando con el liderazgo, donde se habla de la importancia de la responsabilidad social que tienen los empresarios, así como todo aquel que tenga el poder para guiar, desde los presidentes de los países hasta el mismo padre o madre de familia que educa a sus hijos.

Anexé diversas fuentes y referencias para que puedas investigar más a detalle cualquiera de estos temas. Me encantaría que lo hicieras, ya que te hará más consciente de la situación, pues contarás con información actualizada y veraz que te ayudará a tomar mejores decisiones. Solo recuerda, verifica bien las fuentes y CERCIÓRATE de que sean confiables, ya que si te llenas de datos erróneos, puedes elegir incorrectamente en el futuro.

Tener un entendimiento del entorno, tanto interno como externo, contribuye a contar con un diagnóstico propio de la situación y a recibir menos sorpresas, por lo que te podrás preparar mejor para enfrentar los cambios que vengan; por el contrario, si no tienes este conocimiento, pueden llegar olas de todo tipo que te revuelquen por no haberlas visto.

Es muy fácil vivir en negación o pensar que todo regresará a ser igual que antes de la pandemia. Francamente, no lo creo. El mundo ya estaba cambiando. Al final es decisión de cada uno qué rumbo tomar. Si tú no te adelantas a los cambios, será el entorno el que te obligará a hacerlos, y tal vez por no estar preparado, cometerás errores.

Es muy importante empezar por ti, por cómo te encuentras, cómo se encuentra tu familia, tu comunidad, tu ciudad, tu país, tu continente y por supuesto, tu planeta. Aprovecha el tiempo y, en vez de quedarte sentado, mantente saludable, ágil y flexible en la parte física, mental y emocional, que te permitirán adaptarte y estar en las mejores condiciones posibles para enfrentar lo desconocido cuando llegue.

Espero que tras leer esta primera parte, hayas creado la consciencia de que todo reside en tomar decisiones conscientes y coherentes, y de que para hacerlo no se requiere de algo material, es solo cuestión de apretar los botones dentro de ti que te motivarán a tomar ACCIÓN.

PARTE II

Visión panorámica del corazón al universo

Tomar determinaciones conscientes y coherentes es del mundo intangible. Este proceso no se toca y no se ve; nace en forma de energía que no se crea ni se destruye, únicamente se transforma en algo más. Las decisiones nacen dentro de nosotros por medio de pensamientos en forma de energía, después se convierten en palabras, y estas a su vez se convierten en acciones que generan más energía. Las acciones acumuladas pueden llegar a transformarse en eventos, sucesos o creaciones de algo más expansivo a un nivel energético o material.

Actualmente, no tenemos la consciencia de valorar todas las capacidades y el poder de creación que tenemos como raza humana. Por otra parte, considero que todos conocemos nuestros alcances de destrucción, los que han ido deteriorando al planeta.

Te recuerdo que es solo cuestión de decidir acerca de hacia dónde queremos ir y encauzar nuestras fuerzas. Por un lado, está la opción de seguir siendo destructores; por otro, de fungir como cocreadores de un mejor planeta, continuando con la belleza creativa del universo. Esas son las posibilidades; esto lo explica muy bien Nassim Haramein de la manera siguiente: **"Eres la superficie en la que el universo codifica la información… le das al universo la superficie para crecer y aprender"**.

Este libro se llama *Del Corazón al Universo*, porque el corazón es el responsable de conectarnos con absolutamente todo, incluido el universo, mediante la energía y las vibraciones, que funcionan como conductores de la consciencia y la información. De eso habla precisamente esta segunda parte, de conectarnos con todo partiendo siempre desde el corazón. Te enseñaré cómo hacerlo y te darás cuenta de que es muy simple si consideras que hay dos reglas: hacer todo con AMOR y SENTIR en todo momento, así de sencillo. El universo solo espera eso de nosotros, que vibremos en su misma frecuencia, el AMOR, y que aprendamos a comunicarnos en su lenguaje, que es el de SENTIR SU ENERGÍA, QUE ESTÁ EN TODOS LADOS.

Empieza desde el corazón y conéctate con él. Ubícalo en tu cuerpo, piénsalo, escúchalo (ahí están sus latidos) y lo más importante, SIÉNTELO. Coloca tus manos sobre él, cierra los ojos, háblale y deja que te guíe. Él te llevará a todos lados: es el canal, el medio y el transporte adecuado que necesitas. Entre más te conectes, más coherencia lograrás entre el corazón y la mente. Esto lo platicaré con mayor detalle más adelante.

El principal componente del universo, que incluye el vacío no conocido hasta ahora, es la energía. En esta sección, aprenderás cuáles son sus características descubiertas a la fecha y las teorías existentes que tratan de explicar las diferentes posibilidades acerca de qué es lo no conocido. De nuevo pongo en la mesa que esto abarca el **95%** de la totalidad. Es importante estar consciente de este hecho, ya que la realidad, tal como la percibimos, puede cambiar en cualquier momento con el avance de la ciencia y sus nuevos descubrimientos.

Ahondarás en cómo transporta la consciencia todo lo existente en este vacío no conocido, a través de la base de un lenguaje NO

TANGIBLE, que no posee palabras. Entenderás la forma de sentir las vibraciones, las ondas y las frecuencias tal como se percibe la música o el AMOR, que es la vibración más alta que se puede experimentar.

El equilibrio entre ciencia y sentir lo explica muy bien Heino Falcke, astrónomo alemán, líder del equipo que tomó la primera imagen de un agujero negro en el 2019. Él defiende que la ciencia es incapaz de responder a las grandes preguntas sobre la vida:

"Yo no quiero vivir en un mundo sin ciencia, pero tampoco quiero vivir en un mundo que solo cuente la ciencia. La esperanza, el amor y la fe trascienden la ciencia". (Ansede, 2021)

Lo que nos hace sentir el amor es increíble; no hay algo más bello y puro que sentirlo y darlo. No soy poeta, pero a veces me gustaría serlo para expresar con palabras lo que es vivir ese sentimiento. Se puede experimentar de muchas maneras, incluso con los actos más sencillos, como contemplar lo bello que nos ofrece la naturaleza o ayudando a alguien, que es una de las acciones más nobles que se pueden realizar.

Considero que los que vivimos en este momento somos privilegiados por todo lo que está y estará sucediendo en los próximos años o décadas, ya que sin duda ocurrirán eventos históricos. Tengo FE y me mantengo positivo sobre lo que nos espera como raza humana. Estoy seguro de que construiremos un mundo mejor. Yo pongo mi granito de arena con este libro y con otros actos, para dejarles un planeta mejor a mis dos hijos y a los hijos de todos. Sé que a veces todos tenemos momentos y visiones oscuras, donde no alcanzamos a percibir la luz; no obstante, LA LUZ SIEMPRE ESTÁ AHÍ. Depende de nosotros percibirla viviendo como seres más amorosos desde el interior y con todos los que nos rodean.

Espero disfrutes esta segunda parte, ya que la escribí conectándome lo más posible con el corazón y con mucho amor, tratando de transmitirte con las palabras la energía más positiva, más creativa y de más alta vibración, para que conectes con tu propio corazón y con todo el universo. Sé que te ayudará, de una u otra forma, a abrir canales a nuevas posibilidades para tu vida.

2.1 El corazón, el enlace con todo

Hablar del corazón es para mí como presentarles a la persona más sabia e inteligente de este universo; sin embargo, es un ser que apenas se conoce, del que muy pocos saben acerca de todas sus funciones y capacidades, aunque sí puedan asegurar su importancia dentro de la vida, como acompañante a todos lados. La referencia más importante que debemos tener es que de él nace nuestra fuerza vital, la energía más pura y bella que podemos sentir y experimentar; es el centro del que emanan las más auténticas y potentes emociones. El corazón representa al **AMOR** y a la **VIDA MISMA;** por lo tanto, si deja de funcionar, dejamos de existir con él.

Durante toda la historia de la humanidad, ha estado presente de una manera notable. Nuestros antepasados lo consideraban como el verdadero órgano maestro del cuerpo; era apreciado como el centro de la emoción, la memoria, la personalidad, la profunda sabiduría y, por supuesto, de la intuición, que además funciona como un canal para conectar con otros reinos.

Por consiguiente, yo defino al corazón de una manera muy simple: **ES**. Esto es muy sencillo y no necesita adjetivos porque el corazón solamente **ES**, de tal forma que se convierte en nuestro mejor aliado. Es un motor que late 100,000 veces al día para mantenernos con vida sin cansarse; es responsable de hacer circular la sangre para suministrarle oxígeno y nutrientes a todo el cuerpo; es el músculo más fuerte que poseemos, por lo que algunos abusan de él y hacen caso omiso, aun cuando da avisos en los momentos que se le está exigiendo de más o no se cuida adecuadamente. Recuerda que también se cansa, se enferma o deja de funcionar.

Bien dicen por ahí que las grandes enfermedades no entran por el cuerpo sino por el corazón. Esto se demuestra con un estudio de la OMS que señala que la mayor cantidad de muertes entre el 2019 y 2020 fue a causa de enfermedades cardiovasculares (cardiopatías isquémicas, accidentes cerebrovasculares). De hecho, una de las compañías de seguros más importantes de los Estados Unidos, sacó una investigación que revela que las enfermedades cardíacas encabezan la lista como la principal causa de muerte entre los estadounidenses: 650,000 personas mueren anualmente por este motivo; un número muy cercano a las muertes ocasionadas por COVID-19 en un mismo periodo de 12 meses. (New York Life Investments, 2021)

Para estar más conscientes acerca de las capacidades del corazón, a continuación te comparto algunos datos básicos y otros muy interesantes.

- Tamaño y peso
  - Tiene el tamaño de un puño.
  - Peso promedio de 230 a 340 gramos.
- Capacidad de bombeo
  - A lo largo de un día, late unas 100,000 veces y bombea cerca de 8,000 litros de sangre.
  - En el plazo de una vida promedio, podría llenar cerca de un millón y medio de barriles de sangre.
  - Su potencia de bombeo de sangre puede alcanzar los 10 metros de altura.
  - Dos órganos reciben en promedio el 40% de la sangre que bombea el corazón: los riñones y el cerebro.
  - El bombeo se autorregula con base en las necesidades del cuerpo; en reposo, bombea de 4 a 5 litros por minuto, pero puede bombear hasta 10 litros por minuto en caso de un esfuerzo físico intenso.

El corazón, un gran generador eléctrico

- Es la fuente más poderosa de energía electromagnética del cuerpo humano y produce el campo electromagnético rítmico más grande de todos los órganos del cuerpo.
- Genera energía como para desplazar un vehículo durante 32 kilómetros cada día.
- Puede latir fuera del cuerpo humano, ya que genera sus propios impulsos eléctricos.
- Las funciones del corazón y de todo el cuerpo para operar, comunicarse y reaccionar de forma inmediata ante cualquier situación se dan a través de impulsos eléctricos generados desde las diferentes células, que se comunican entre sí con una coordinación y coherencia impresionante.
- El corazón envía información al cerebro y al resto del cuerpo de cuatro formas: neurológica, biofísica, hormonal y energética. Para describirlo de una manera más científica, te comparto un párrafo de un artículo del Dr. Javier Moreno, médico especialista en Cardiología (Moreno, 2021):

> En el momento en que las células se activan, pasando a tener carga eléctrica positiva, se produce también una entrada importante de iones de calcio que, mediante una serie de mecanismos, desencadenará la contracción de la célula cardiaca. Así, estos mecanismos iónicos permiten que los impulsos eléctricos (cardiacos o nerviosos) se transmitan de célula a célula a altísima velocidad, permitiéndonos mover una mano con máxima precisión o transmitiendo los impulsos cardíacos por todo el corazón.

Como podrás notar, en el texto anterior se describe cómo se comunican eléctricamente las células del corazón para coordinar la entrada y salida de sangre, el bombeo y la apertura de sus cavidades internas, para que funcione sin importar las condiciones en el que esté el cuerpo físico. El corazón tiene la capacidad de adaptarse de una manera impresionante. Espero que tomes consciencia de lo maravilloso que es.

El corazón es un pequeño cerebro muy poderoso

- En 1991, se descubrió que el corazón tiene más de 40,000 tipos de neuronas sensoriales que pueden ser estimuladas por medio de corrientes eléctricas, lo que demuestra que canalizan información (un componente parecido al cerebro). En su libro *Human by Design*, Gregg Braden amplía el tema enumerando las propiedades que tiene el corazón al funcionar como un pequeño cerebro:
  - Se comunica directamente con los otros órganos del cuerpo (no pasa por el cerebro).
  - Tiene su propia inteligencia y poder de aprendizaje.
  - Tiene estados de profunda intuición y habilidades precognitivas.
  - Tiene sus propios mecanismos de autocuración.
  - Es el órgano que promueve la creatividad y el arte. Escritores y románticos de todas las profesiones imaginables le han dedicado algunas de sus mejores obras. (Braden, 2017, pág. 73)

El corazón en las decisiones

De acuerdo con una investigación realizada por el HeartMath Institute, cuando nuestros pensamientos están ligados con sentimientos de amor, gratitud, apreciación o compasión, se genera en todo el cuerpo y el corazón un balance que ayuda a elevar la CONSCIENCIA-COHERENCIA DE LA MENTE, EL CORAZÓN Y LAS EMOCIONES. Esto se refleja y se puede medir a través de los ritmos cardiacos (HRV). (McCraty J. E., 2020)

Está comprobado científicamente que estar en una elevada COHERENCIA ayuda a sincronizar la actividad de la mente, llevándola a un estado óptimo de funcionamiento, lo que a la vez mejora la memoria, el enfoque, tranquiliza y desemboca en una mejor toma de decisiones. En estos tiempos, el marcar rutas importantes en nuestras vidas es más relevante que nunca. (Edwards, 2020)

Por lo tanto, entre mejores herramientas tengamos que propicien estados COHERENTES, tendremos mayores probabilidades de tomar las decisiones correctas para nuestra vida y las de los demás. Recordando de nuevo que, en estos tiempos de cambios e incertidumbres, es sumamente importante decidir en un estado alto de coherencia CORAZÓN-MENTE.

Vivir en estos estados también beneficia el funcionamiento del cuerpo desde un nivel celular: reduce el estrés, transforma el enojo y la angustia en paz, se puede dormir mejor y todos los procesos físicos, mentales, emocionales y espirituales mejoran. Adicionalmente, permite tener una mejor intuición y comunicación interior y con el universo, lo que se refleja en una armonía integral con nosotros y con el exterior. Finalmente, se pueden enfrentar mejor los retos que se presenten.

Experimentar este estado COHERENTE no es complicado; lo difícil es elegir y DESEAR ESTAR AHÍ. No se trata de ninguna técnica sofisticada; únicamente se debe de tener la actitud correcta y la disciplina para practicarla. Como todo, requiere de esfuerzo. Si le dedicas tiempo a estar en buena condición física y nutricional es muy bueno; sin embargo, también hay que equilibrar y dedicárselo a la parte interior. Por ello, te recomiendo comiences por el CORAZÓN. Por experiencia puedo decirte que vale la pena intentarlo.

El corazón y su educación

La educación que se brinda a los niños debería de ser modificada. Sería más positivo si se les enseñará primero el mundo intangible; por ejemplo, cómo tener y desarrollar la inteligencia emocional; conocer su lenguaje interior y las capacidades que poseen; sentir su cuerpo y emociones; aprender a clasificarlas y manejarlas. Para todo esto, el corazón es la parte primordial con la que se podría empezar.

La educación actual es totalmente errónea, ya que empieza al revés. Primero, se aprende lo que existe en el exterior y un idioma para hablar con los otros. No hay una materia de conocimiento interior. Desde un inicio, se deberían de brindar a los niños herramientas para desarrollar un lenguaje que les permita hablar con ellos mismos, sentir su cuerpo, escuchar a su ser interior y descubrir lo que realmente son.

Es claro que desde pequeños nos enseñan esquemas erróneos acerca de lo que se considera valioso en la vida. Es justo ahí donde los sistemas actuales nos preparan para valorar mucho más lo externo que lo interno, para ser consumidores, crear riqueza exterior y no darle importancia a la interior. Por ello es tan relevante que las nuevas generaciones enfrenten los cambios con más herramientas. Es necesario inculcarles fortalezas básicas y esenciales como:

- **Confianza:** Las personas con fuerza interior estable no necesitan de la aprobación de los demás.
- **Resiliencia:** Ser fuertes cuando se fracasa, no se logra algo o no sale como se esperaba; saber manejar el estrés y la frustración.

- **Fidelidad a sí mismos:** Que confíen en ellos, que no duden, que mantengan sus convicciones para hacer lo que aman y desean.
- **Pensamiento positivo:** Tener confianza en lo bueno y dejar a un lado lo negativo, manteniéndose positivos y con fe.
- **A sentir y conocer:** Descubrir sus emociones y entender por qué las sienten, que todo es parte de su riqueza interior, que entre más se conozcan, más herramientas tendrán.

Es indispensable enseñarles a descubrir todas sus capacidades, además de motivarlos a sentir y manejar sus emociones. Mostrarles ese universo intangible que es mucho, pero mucho más grande que el mundo tangible. Recapitulemos que somos más energía que materia, entonces por qué no empezar a aprender más de energía, que es el componente principal en nosotros y en todo lo que forma el universo.

Esta necesidad del cambio de la educación temprana para nuestros hijos es planteada con mayor detalle por Pablo Fernández-Berrocal y Natalio Extremera, quienes son profesores de la Universidad de Málaga y nos dicen que las escuelas del siglo XXI deberían de tener la responsabilidad de educar y enseñar sobre la inteligencia y habilidades emocionales como si fuera la materia de aritmética, gramática o cualquier otra. También reflexionan que si las escuelas asumieran este reto, dotando de la formación pertinente a los educadores, esto haría que la convivencia en este milenio fuera más fácil para todos y que nuestro corazón no sufriera más de lo necesario. (Fernández-Berrocal & Extremera Pacheco, 2018)

Actualmente, existen iniciativas como la de Rudolf Steiner, quien fue un gran visionario y filósofo que promovía que el corazón tenía muchas cosas que enseñarnos. Él fue creador del método de estudio Waldorf, que se aplica desde hace varios años en diferentes lugares como una forma alternativa de enseñanza. Sin embargo, todas estas transformaciones dependen en buena parte de la aceptación de los padres de familia, de la sociedad y del mismo sistema. No estoy seguro acerca de cuál es el mejor método educativo para estos tiempos; no obstante, podrían reunirse especialistas de todo el mundo para promover sistemas de enseñanza mucho más actualizados. Lo importante es que tengan como bases el crecimiento individual, social y mundial.

Vienen cambios muy grandes en las próximas décadas, que incluyen por supuesto a la educación que, como hemos visto, en la actualidad resulta obsoleta. Tenemos el reto de encontrar ese equilibrio entre el uso adecuado de la tecnología y la capacidad de convertirnos en mejores seres humanos. Aprender a comunicarse con uno mismo, con el corazón y con los demás es esencial. Apliquemos las innovaciones de forma positiva para que nos ayude a conocernos más desde una perspectiva holística, del corazón al universo, de una forma que no nos aísle, ni nos vuelva zombis codependientes de un aparato tecnológico.

El corazón y su campo electromagnético

Cada día hay más investigadores provenientes de todo tipo de especialidades, desde científicos, médicos, religiosos, filósofos, escritores, poetas, artistas… que son atraídos por el tema del corazón, que a diario adquiere más relevancia, pues se percibe como una parte fundamental e integral de nuestra conexión.

El corazón es más que un músculo que late y bombea sangre a todo nuestro cuerpo; es un centro energético que recibe y genera energía. Produce un campo electromagnético que llega a tener una extensión de hasta 3 metros, en forma de 360 grados. Esto hace que su campo eléctrico sea aproximadamente 60 veces mayor en amplitud que la actividad eléctrica generada por el cerebro. Se ha descubierto que es un gran canalizador de datos y receptor y emisor de información. Esta habilidad de comunicador puede ayudarnos a conectarnos más con nuestra consciencia interior y nuestro ser, así como con la de todo el universo; por lo tanto, el CORAZÓN ES EL CONECTOR CON EL TODO. Cuando menciono la frase "del corazón al universo" es porque una de sus grandes cualidades es ser el enlace que nos une con el cosmos.

Un claro ejemplo es cuando no nos sentimos bien con respecto a alguien y decimos: "No me gusta su vibra", o cuando vamos a un lugar y hay un tipo de pesadez o incomodidad ahí, aunque no siempre sepamos qué es o cómo expresarlo. Otra muestra es cuando las personas perciben nuestro estado emocional y usan frases como "siento que traes algo"; pues bien, "ese algo" es tu campo electromagnético.

Si partimos del hecho de que todo lo que forma al universo, incluyéndonos, está compuesto mayormente por energía, podemos decir que cada célula de nuestro cuerpo está bañada en una fluctuación magnética invisible que integra el exterior y el interior. Gracias a esto, tenemos la capacidad de sentir los campos electromagnéticos de los demás. Con ello, podemos reafirmar la importancia del lenguaje del sentir; sin embargo, como hemos visto, no estamos entrenados en él.

Todo sería muy diferente si desde niños nos enseñaran que somos capaces de percibir las energías. Estoy seguro de que la raza humana estaría en un nivel más evolucionado, y muchos de los problemas que tenemos actualmente, empezando por la propia comunicación, las relaciones con otros e incluso nuestra situación social, mejorarían. Pero nunca es tarde para aprender, así que sé curioso e investiga.

Para confirmar que la energía electromagnética es un campo que está presente en todo, te platicaré acerca de cómo a los animales no les cuesta nada de trabajo manejarla, ya que solamente la sienten y la utilizan a su favor. Esta les sirve para orientarse como si tuvieran una brújula que les permite sentir el campo electromagnético de la Tierra. Por ejemplo, los zorros advierten estas vibraciones, lo que les ayuda a revelar la presencia de sus presas cuando se esconden. A esta habilidad se le nombra magnetorrecepción.

En 1980, un zoólogo británico llamado Robin Baker publicó lo que se conoce como el experimento de Manchester, donde se demuestra que muchos animales se orientan a través de la magnetorrecepción para llegar a sus casas. En repetidas ocasiones, trataron de replicar estas pruebas con humanos para comprobar si tenían la misma capacidad. Durante años, se realizaron estudios en varias partes del mundo; al final, algunos resultados demostraron que sí se contaba con ella, aunque no se ha podido validar a gran escala. Hoy en día, las investigaciones continúan. (Hand, 2016)

Considero que existe una razón muy grande por la que no se ha podido corroborar. En el caso de los animales, cuando nacen, aprenden a conocerse a sí mismos y a su entorno; por el contrario, los humanos, desde niños, somos bombardeados por un sinfín de información que nada tiene que ver con el ser interior o lo que sentimos.

De acuerdo con los estudios, nuestros antepasados sí contaban con estas cualidades sensitivas, que les eran útiles para sobrevivir en los entornos hostiles; no obstante, a lo largo del tiempo, estas se fueron perdiendo, se dejaron de practicar y de aprender. Es importante que los avances tecnológicos nos ayuden a evolucionar y a desarrollar nuestras habilidades intrínsecas, que están en espera de ser activadas.

En el 2019, salió un documental, realizado por Caroline Cory, llamado *Superhuman*. En el filme se entrevistan a varios científicos, quienes hablan acerca de todas estas habilidades del ser humano. También se muestran avances en temas como la coherencia y la energía en una forma muy fácil de entender.

Tenemos una alta sensibilidad a la energía, es pura lógica. Existen muchos casos e investigaciones que lo han validado a lo largo del mundo; sin embargo, existe un estigma de verlo como algo extraño, lo que solo demuestra una falta de apertura, visión e imaginación. Así que te pido que abras tu mente y te des la oportunidad de conocer acerca de esta realidad.

El corazón puede ser nuestro SUPERGUÍA si lo deseamos, siempre y cuando aprendamos a escucharlo y sentirlo. Él nos premiará si nos atrevemos a sentir nuevas cosas, nos dará información valiosa y expandirá nuestras propias fronteras de conocimiento. Además, nos ayudará a vivir en estados de más paz; sobre todo en estos tiempos donde buscamos respuestas y requerimos apoyo para tomar decisiones, él puede ser nuestro gran consultor, coach y amigo. Sigue las recomendaciones que durante años te ha dado y simplemente has decidido ignorar. ESCÚCHALO, puesto que está directamente relacionado con tu INTUICIÓN, que es el lenguaje del corazón.

La intuición proviene de lo más profundo; aprendamos a oírla y sobre todo a hacerle caso a la hora de decidir. Recuerda que lo que sale del corazón siempre está alineado a tu verdad más íntima. Para reforzar este tema te sugiero leas el artículo *"Heartset over mindset: Start with the heart"*, de Regina Huber.

Existe una gran comunicación entre el cerebro y el corazón, ya que ambos se mandan señales entre sí. Para tener un intercambio de información COHERENTE del corazón al cerebro y viceversa, en la tercera parte del libro te presentaré ejercicios prácticos. Lo importante es practicar y hacer cambios conscientes en tu vida. Una vez que elijas hacerlo, con el tiempo generarás estados de paz, donde el estrés desaparece, lo que afectará de una manera positiva a tu corazón, a todo tu organismo e inevitablemente repercutirá en la gente que se encuentra a tu alrededor. Adopta como una rutina el tomar decisiones desde la tranquilidad y el corazón, para que tengas mayor probabilidad de éxito.

Todo esto ha sido muy bien estudiado y soportado por el HeartMath Institute. Esta organización se ha dedicado a investigar este tema por más de 25 años. Te recomiendo que visites su sitio para ampliar más tus conocimientos. Mucho de lo que escribí al respecto se encuentra apoyado en sus estudios e investigaciones y por supuesto, en mis experiencias personales, así como lo que he practicado con sus técnicas y tecnologías. No he encontrado ningún otro instituto que se dedique con tanta pasión al estudio del corazón. Son un referente para muchos investigadores y actualmente están promoviendo, con un gran esfuerzo, la coherencia global.

Además, te recomiendo a los autores Gregg Braden y Bruce Lipton, quienes concuerdan con los estudios realizados por el HeartMath Institute. Ellos abordan varias cuestiones con una visión nueva e integral que va más allá de lo tradicional. Tienen mucho material sin costo en internet que puedes tomar como punto de partida.

Por supuesto, hay otros autores de todas partes del mundo que cuentan con más investigaciones. Lo importante es que tú mismo descubras y llegues a tus propias conclusiones. Lee con la mente abierta y sobre todo, con el corazón abierto, sintiendo la información.

El corazón y el amor

A lo largo de la historia han existido poetas, escritores, artistas, filósofos y muchas otras personas que se han atrevido a sentir el amor desde el corazón. Este sentimiento ha sido una gran inspiración para crear arte en sus expresiones más elevadas, pero esto solo se logra cuando te encuentras y vives en él.

Todos podemos experimentarlo; únicamente es cuestión de darnos la oportunidad de sentirlo y expresarlo en su máximo esplendor, sin discriminación y sin juicios, manteniéndonos abiertos, aun a pesar de las malas experiencias que nos hayan partido el alma. El corazón cicatriza y es tan noble que tiene la capacidad de dar y recibir amor una y otra vez, sin importar cualquier herida infligida. Siempre valdrá la pena volver a darte una oportunidad porque cuando menos lo esperas, llega; así que deja de buscar que él te encontrará.

En mi caso, a los 59 años, me enamoré de una manera como nunca la había vivido: más madura, más fuerte, más intensa, más apasionada e incluso podría decir más inteligente. A estas alturas, me dejé de tantas tonterías y pendejadas, perdón por la palabra, pero es verdad. No sé por qué le ponemos tantos "peros" al amor y nos da miedo fluir y ser uno con él. También nos asusta perderlo y, como consecuencia, nunca lo disfrutamos cuando lo tenemos.

Es tiempo de dejar los temores atrás; es hora de experimentarlo sin cuestionarlo. Como seguro te habrás dado cuenta, las palabras y los pensamientos muchas veces hacen que se estropee, y si a eso le sumamos las acciones perjudiciales consecuencia de las propias inseguridades, se termina saboteándolo.

La vida es muy efímera; deja que el corazón te guíe sin miedo. Yo estoy escribiendo este libro más enamorado que nunca y decidí no vivirlo como un adolescente sino como un niño: sin cuestionarlo, sintiéndolo plenamente. No hay un mejor estado que el del amor. Recuerda que estar ahí depende únicamente de ti. Deja de echarle la culpa a los demás; no le pongas condiciones o tiempo, porque siempre es relativo y, de un momento a otro, simplemente desaparece. Así que disfruta el ahora.

Un aspecto positivo de estos tiempos de pandemia es que muchas personas se están volviendo más conscientes acerca de la importancia de vivir plenamente y de dedicarle tiempo a lo que de verdad importa, a lo intangible, AL AMOR.

Este no está condicionado solo a la pareja, se puede experimentar de muchas maneras diferentes. Sin importar qué forma de expresión elijas es fundamental que lo sientas desde el corazón, aunque solo dure un segundo. Ese instante puede alimentar toda tu alma y tu ser de por vida.

Para lograrlo, necesitas ser siempre honesto contigo y con los demás; debes actuar con valores y con una gran comunicación que empieza con quererte, amarte y aceptarte a ti mismo. Es así de simple; los únicos que lo complicamos somos nosotros. Espero que en ese sentido este libro también te ayude a hacer menos difícil tu existencia y vivas más desde el corazón hacia el universo.

2.2 La energía, las frecuencias y las vibraciones

El objetivo de este capítulo es transportarte a un mundo intangible. Por eso espero que lo que aprendiste hasta el momento te haya ayudado a conscientizar y a sensibilizarte, para que cuando leas estas líneas, lo hagas no desde el cuerpo físico sino desde el energético. Después de todo, la energía es lo que somos todos y todo; así que te pido que la visualices o la imagines y no trates de entenderla de una manera lógica. Solo acepta que existe, siéntela y vibra con ella, como lo dice Nikola Tesla. Recuerda la siguiente regla básica:

La energía es una entidad fundamental y dinámica
de la naturaleza que no se puede crear ni destruir,
sino que simplemente se transforma, como lo hace
el movimiento o la fricción al calor y viceversa.

Es la gran conectora con todo: en ella viaja toda la información. El científico Max Planck inició esta revolución cuántica en 1900 con su sugerencia de que la luz porta energía en paquetes denominados fotones.

Se ha estudiado que nuestras células funcionan como un transistor y resistor, donde cada una genera .07 volts de electricidad que le sirven para enviar información a las demás partes del cuerpo. Como podemos ver, estos choques eléctricos, que son movimientos de iones, son nuestro lenguaje interno.

Recuerda que la energía se puede hallar en todo tiempo y espacio. Lo esencial es que dimensiones la importancia que tiene, tanto a nivel cuántico como gravitacional. Aunque no nos demos cuenta, está ahí. Por ello, a continuación te presento algunos ejemplos de los procesos más sencillos de la vida diaria donde se encuentra presente.

Cuando vamos al médico por un chequeo general o para detectar el origen de nuestras dolencias, se nos realizan diferentes pruebas con aparatos que miden en nuestro cuerpo los diferentes tipos de energía. Por ejemplo:

- El cerebro: Es un órgano electroquímico, y su electricidad se mide en cinco categorías de ondas eléctricas cerebrales, según el estado en que nos encontremos.
  - **Beta (13–40 Hz):** Cuando estamos despiertos y en vigilia. El nivel más alto de esta frecuencia ocurre cuando tenemos miedo, coraje o ira. (Estamos despiertos.)
  - **Alfa (8-13 Hz):** Las ondas son más lentas y sucede cuando estamos relajados, tranquilos, meditando, contemplando o en procesos creativos. Empieza a tener más importancia nuestro mundo interior. (Estamos despiertos.)
  - **Theta (4 − 8 Hz):** Se da en las primeras etapas del sueño o en la meditación más profunda; aquí puede llegar la intuición. (Estamos dormidos o meditando. Entramos al subconsciente.)
  - **Delta (1/2 − 4 Hz):** Las ondas son muy lentas y se dan en el sueño profundo, en el sonambulismo y estados de trance. El corazón muestra patrones de vibración eléctrica similares a las ondas delta del cerebro. (Estamos dormidos o meditando. Entramos al subconsciente.)

- **Gamma (30 – 90 Hz):** Tiene una frecuencia extremadamente rápida y de alta radiación electromagnética. Se relaciona con un alto procesamiento cognitivo; con la capacidad de asentar información nueva; con nuestros sentidos y percepciones; con estados de felicidad y de autocuración. Aquí se habla de que entramos a una superconsciencia, a la integración de nuestra energía con el todo. Se siguen descubriendo nuevos datos sobre esta onda.

Para entender mejor al respecto, te recomiendo que veas videos de Joe Dispenza, estudioso e investigador del tema, gran conferencista y muy alineado con la importancia del corazón.

- El corazón: Nos miden la frecuencia cardíaca y el pulso. El HeartMath Institute explica muy bien este último proceso:

  El pulso son ondas de presión que viajan rápidamente a través de las arterias, mucho más rápido que el flujo real de la sangre que sentimos. Estas ondas de presión fuerzan a las células sanguíneas capilares para proporcionar oxígeno y nutrientes a las células y expandir las arterias, haciendo que generen un voltaje eléctrico relativamente grande. (McCraty R. , 2015, pág. 37)

- La temperatura: Nos la miden con el termómetro, que es energía térmica.
- Asimismo, producimos energía mecánica cuando nos movemos y hacemos ejercicio.

Como podemos notar, no existe una sola energía; son muchos impulsos eléctricos maravillosamente coordinados e integrados, funcionando de forma COHERENTE. Su conducción en el interior de nuestro cuerpo es muy eficiente, ya que el 65% de nuestra masa es agua (H_2O), un excelente conductor de energía y de información. Por ello la relevancia de mantenernos hidratados y más cuando se hace ejercicio. Aún no alcanzamos a dimensionar todos sus beneficios, aunque bien lo decía Leonardo Da Vinci: "El agua es la fuerza motriz de toda la naturaleza".

En una noticia publicada por una universidad sueca, se comenta de una nueva perspectiva sobre cómo se mantiene unido el ADN:

> Se ha descubierto un nuevo aspecto en la forma en que el ADN se une a sí mismo y el papel que juegan los efectos hidrofóbicos. Muestran cómo pequeños cambios en las propiedades del agua pueden controlar delicadamente el proceso de unión. El descubrimiento abre las puertas a una nueva comprensión de la investigación en medicina y ciencias de la vida. (Chalmers University of Technology, 2019)

Por otro lado, es importante estar conscientes de que nuestro cerebro consume el 20% de nuestra energía diaria (Campillo, 2016). Puede parecer poco, pero resulta bastante si pensamos que este órgano representa solo el 2% de la masa total del cuerpo.

Cómo algo tan pequeño puede consumir tanta energía en comparación a las otras partes del cuerpo; esto se parece mucho al universo. A la fecha, solo se ha podido comprobar el 10% del total de energía utilizada por el cerebro; el restante 90% sigue siendo un misterio. (Kozloski, 2016)

En resumen, hay un flujo energético dentro de cada uno de nosotros que es igual al del Universo. No es diferente y nos conecta con todo. Constantemente está interactuando, transformándose y proviene de la misma fuente conocida hasta ahora, el Big Bang, lo que nos da una razón más para entender porque somos parte del todo.

Debemos ser conscientes de esta realidad de la no separación; sentir la fuerza del universo dentro de nosotros; es muy sutil, pero ahí está. Ese es el lenguaje que debemos comenzar a dominar y a conscientizar, sintiendo y transmitiendo esa energía continuamente.

Ahora pasemos a una visión más macro. Penney Peirce, una gran estudiosa del tema, nos comparte de forma práctica cómo la energía interactúa con nosotros. En su libro *Frequency: The Power of Personal Vibration,* engloba muy bien su importancia en nuestro entorno:

> Las comunidades científicas del mundo están de acuerdo en que la energía comprende todas las cosas y que los sistemas energéticos son conscientes. La Tierra gira, nos dicen, dentro de un campo electromagnético infinito. Todo participa en esta energía que gira, oscila y vibra. (2009, pág. 64)

La Tierra tiene su propio corazón y su latido se mide con la **resonancia Schumann.** El planeta tiene su propia actividad eléctrica en la atmósfera; algunos efectos son los relámpagos que existen dentro de las tormentas eléctricas que siempre están sucediendo en algunas partes del planeta. Estas tormentas generan oscilaciones que pueden ser medidas por sus frecuencias para ver cómo afectan desde el clima hasta al mismo ser humano. Como puedes ver, estamos rodeados natural y constantemente por la energía de la Tierra. (Mendoza & Pazos, 2020) Los cuatro tipos de energía conocidos que existen y están presentes en todo el universo, en la naturaleza y en nosotros son:

- Electromagnética
  - Tiene dos sentidos: positivo y negativo.

- Es la fuerza involucrada en las transformaciones físicas y químicas de átomos y moléculas.
  - Fuerza más intensa que la gravitatoria; su alcance es infinito.
  - Su medio de trasporte (cuanto[6]) son los FOTONES, los cuales se encargan de transmitir la fuerza electromagnética entre dos partículas cargadas eléctricamente y son los componentes de la luz.
- Nuclear fuerte
  - Es la que mantiene unida a los protones y neutrones.
  - Forma el núcleo del átomo.
  - Es la fuerza más intensa de dimensiones nucleares.
- Nuclear débil
  - Es la responsable de la desintegración de los neutrones.
  - Los neutrinos son sensibles solo a ella.
  - Su alcance es finito y su fuerza es menor que la nuclear fuerte.
- Gravitatoria
  - Es la fuerza de atracción que un material ejerce sobre otro.
  - Es de un solo sentido.
  - Es muy débil, pero de alcance infinito.
  - Sigue en estudio, ya que no se ha podido unificar con las otras fuerzas.
  - Con respecto a la gravedad, Neil Turok, en su libro *El universo está dentro de nosotros,*

---

6 Un quantum o **cuanto** es la menor cantidad de **energía** que puede transmitirse en cualquier longitud de onda. Considerado el creador de la teoría cuántica, el físico alemán Max Planck enunció que la radiación electromagnética se emite en unidades discretas de **energía** denominadas quantum o cuantos.

resume muy bien para qué sirve: "La gravedad es el gran escultor del universo, al moldear planetas, estrellas, galaxias, cúmulos de galaxias y todas las demás estructuras del cosmos" (2015, pág. 137).

- Grandes científicos están concentrados en estudiar y entender más sobre la gravedad. Hay mucho que aprenderle a esta energía. Estoy seguro de que vendrán grandes descubrimientos donde será un elemento que cambiará nuestra historia.

Todas estas energías son inmateriales. Se pueden manifestar de diferentes formas en la naturaleza, tales como: solar, química, eléctrica, elástica, sonora, geotérmica, magnética, eólica, entre otras, y además, las que están relacionadas directamente con el confort de los humanos como el calor, la luz y el sonido (Lira, 2018).

- La luz es energía electromagnética que se trasmiten tanto en el vacío del universo como en medios materiales.
- El sonido es una forma de energía mecánica que se trasmite como ondas en medios materiales.
- El calor es energía térmica mecánica, donde las moléculas y los átomos van cambiando de intensidad con la que rotan y vibran.

Como ya lo vimos, todas están en movimiento, y aquí entra de nuevo la famosa fórmula de Einstein: $E=mc^2$. No hay una distinción esencial entre masa y energía. Ambas son dos facetas de la misma cosa. Por lo tanto, se puede resumir que todo lo existente en el universo se encuentra en movimiento constante; la materia es solo un estado de vibración de la energía.

Imagina la energía como notas musicales que provienen de diferentes instrumentos. Como sabemos, vibran y tienen una frecuencia que producen los distintos sonidos con infinitas posibilidades. Todo lo existente, desde un nivel cuántico hasta universal, está compuesto de estas energías que VIBRAN en ondas de diferentes FRECUENCIAS. Las ondas con menor frecuencia son las menos energéticas, y las de mayor frecuencia son las más energéticas. Gracias a características, se generan diferentes densidades, algunas visibles y otras no.

Empecemos con el espectro que es visible para el ojo humano:

- Los colores: La longitud de onda de la vibración de los colores visibles va de 380 a 750 nm[7]. La luz consiste en ondas electromagnéticas, donde su longitud con una minúscula fracción de este espectro describe un color diferente de la luz que podemos ver con nuestros ojos. Por ejemplo, los colores de un arcoíris, donde en realidad solo percibimos una pequeña franja, la cual va del violeta al rojo.

  Existen otros colores que los humanos no percibimos y los animales sí, como son las abejas, que pueden ver la luz ultravioleta, pues es útil para encontrar el néctar en las flores.

- Un objeto: Si lo calentamos, empieza brillando de color rojo y conforme va calentándose más, pasa a amarillo, después a blanco, azul y en una temperatura extrema, a violeta. Esto se debe a la reducción en la longitud de onda emitida por la luz de estos diferentes estados. El violeta es

---

[7] Nm o nanómetro es la unidad de longitud del Sistema Internacional de Unidades (SI), que equivale a una mil millonésima parte de un metro (1 nm = $10-9$ m) o a la millonésima parte de un milímetro.

el color con la longitud de onda más corta visible para nuestros ojos.

- Si contemplamos todas las formas de la naturaleza, desde la más pequeña hasta la más grande, todo está en un estado de vibración que podemos ver e incluso sentir.

Por otro lado, el espectro no visible para el ojo humano:

- Lo que no podemos ver está enmarcado en dos regiones del espectro de luz en los extremos; por un lado, el que tienen una frecuencia de onda más larga. Aquí se ubican los rayos infrarrojos; señales de televisión y radio; microondas y la radiación térmica, y por el otro, el que tiene una frecuencia de onda más corta, por encima del color violeta, como los rayos ultravioleta, los rayos x y los rayos gamma. Estos últimos son muy utilizados por los telescopios para descubrir estrellas, planetas y agujeros negros en el espacio.

Se tiene la creencia de que todas estas energías no están conectadas entre sí y se encuentran en un estado caótico, pero la verdad es muy diferente: todas se encuentran en un estado de absoluta ARMONÍA e INTEGRACIÓN con un alto nivel de inteligencia, que muchos científicos ubican como la misma CONSCIENCIA que las une con la vibración más alta conocida a la fecha, el AMOR.

Ya hablamos de esto y lo repito una vez más, a donde sea que volteemos, el universo es bellísimo, ya que está hecho con amor y hay una perfecta simetría en todas sus formaciones macro y micro. **Si no lo ves, siéntelo. PARA QUE ALGO FUNCIONE, TIENES QUE SENTIRLO. LO QUE SEA, PERO SIENTE, SIENTE LA ENERGÍA.**

Al sentir tu propia energía, puedes percibir las fuerzas que estás liberando, las cuales se pueden agrupar en la mente en forma de IDEAS CREATIVAS. Estas, a su vez, las podemos restructurar en una serie de PENSAMIENTOS que, por medio de la PALABRA y el lenguaje, expresamos a través de nuestras ACCIONES, que se pueden convertir en cualquier forma, ya sea energética o material.

Nuestros pensamientos son energías que habitan dentro de la mente y se pueden transformar en materia u otras energías. Por esa razón, la importancia de analizar y de ser conscientes acerca de lo que pensamos en todo momento, ya que por medio de ellos creamos nuestra realidad.

Hablemos de la energía de más alta vibración, el AMOR. Por más que se escriba del tema, este sentimiento solo se puede comprender hasta que se siente, hasta que se vive, por lo que nos provoca en todo nuestro cuerpo al causar emociones de todo tipo que cambian nuestro estado de ánimo en un segundo. Además, nos permite sentir el mundo exterior y verlo de una manera brillosa y positiva.

El amor recorre todo nuestro cuerpo generando un sinnúmero de sensaciones que modifican, de manera instantánea, su funcionamiento. Si esta energía transforma lo físico, podemos asegurar que su vibración en forma de sentimientos, que no se pueden comprar o vender en alguna tienda, se generan con la misma naturaleza que nos rodea, mediante la interacción del todo y de lo que lo conforma, con lo que se crea dentro de nosotros. Esto puede darse por la simple contemplación de un atardecer o por estar rodeado de un bosque y sus plantas, donde se siente la conexión con esa belleza y con su esencia.

El Dr. David Hawkins, un estudioso del tema, analizó muchos casos en diferentes partes del mundo, y la respuesta siempre fue la misma: si la frecuencia de vibración de la persona en sus pensamientos era baja, esta influía en su salud. Concluyó: "Muchas personas se enferman porque no tienen amor, solo tienen dolor y frustración. Las personas con frecuencia de vibración inferior a 200 son fáciles de enfermarse" (Hawkins, Veritas Publishing, 2017).

Además, desarrolló el famoso Mapa de la consciencia, donde estableció y relacionó el nivel de frecuencia con el estado de pensamiento de la persona y el nivel de evolución de consciencia. En él, el nivel más bajo es 1 y el más alto es 1000. Los pensamientos por encima de 200 son los de compasión, amor, gratitud, etc, y los que están por debajo de 200 son los de odio, rabia, culpa, rencor, celos. Son estos los que enferman a las personas. (Hawkins, Academia Edu, s.f.)

Penney Peirce confirma lo que dice el Dr. David Hawkins acerca de la importancia de vibrar alto. En su libro *Frequency: The Power of Personal Vibration,* comenta lo siguiente:

> La vibración personal, la frecuencia de energía que retienes momento a momento en tu cuerpo, emociones y mente, es la herramienta más importante que tienes para crear y vivir tu vida ideal. Si su frecuencia de energía es alta, rápida y clara, la vida se desarrolla sin esfuerzo y en alineación con su destino, mientras que una frecuencia más baja, más lenta y distorsionada engendra una vida de inconvenientes y decepciones. (Peirce, 2009, pág. 117)

Recuerda, no somos una máquina; nuestro cuerpo y nuestro ser no son una máquina. Son parte de un todo universal que está relacionado e interconectado, y su forma de comunicarse es con un solo lenguaje MUY CLARO, SIMPLE Y SENCILLO, el de la energía.

El problema empieza, como lo dije anteriormente, cuando no nos enseñan desde niños a sentir estas vibraciones y a comunicarnos con nosotros mismos a través de los sentimientos y las emociones. Por el contrario, nos enseñan que vale más lo material, lo tangible, lo que origina una necesidad de consumismo y deterioro del planeta por la necesidad de tener y no de sentir. Como dice Bruce Lipton:

Si cuando éramos jóvenes, nos hubieran enseñado a ser sensibles a esas vibraciones, no nos encontraríamos en malas relaciones y lugares malos. Pero generalmente se nos dice que no nos guiemos por nuestros sentimientos, sino que escuchemos lo que la gente tiene que decir… Y así perdemos la capacidad de recibir e interpretar estas valiosas vibraciones y de escuchar a nuestro corazón.

No es tarde para aprender este lenguaje. Hay muchas herramientas; solo es necesario tener la actitud de quererlo hacer. En la tercera parte, te brindaré pasos para ayudarte a vivir más del corazón al universo. Desde ahí es el lugar básico, más apto para sentir la energía más pura y sus vibraciones sin fronteras.

2.3 El universo, nuestro jardín

¿Qué es el universo o el cosmos? Yo diría que es pura belleza, un cuadro, el amor total, algo difícil de describir, tal como lo vimos con lo que Jodie Foster dice en la película Contacto; simplemente no hay palabras que alcancen para explicar con exactitud qué es.

El universo se encuentran en constante transformación y, tal como hemos visto, está compuesto mayormente por energías que vibran en un campo a diferentes velocidades que forman ondas. Como un océano con olas de diferentes tamaños que se forman dependiendo de la velocidad de los vientos. En el espacio no hay vientos, pero existen ondas y energías que se generan por toda clase de sucesos, como las explosiones, hoyos negros, choques entre estrellas, u otros.

Toda esta energía se encuentra encerrada en un sistema, al que se le denomina "sistema cerrado" (esto tal vez no sea verdad, sin embargo, es la teoría que existe hasta ahora), que tiene fronteras, o sea límites, como un estanque de agua, en el que existe un ESPACIO y un TIEMPO donde transcurren los eventos. Este espacio-cosmos se encuentra en una expansión acelerada: ya está comprobado científicamente que sus bordes están ampliándose, pero no se sabe sobre qué está creciendo; por esta razón, se ha complicado confirmar que sea un sistema cerrado, e incluso, puede ser que este universo sea parte de otros universos. Yo lo percibo como un sistema vivo, tal como algunos científicos disruptivos comentan. Todo está en acción, conectado y comunicado a través de la consciencia (lenguaje), y nosotros somos parte de él.

Actualmente, sabemos que sus principales características son:

- Edad: 13,799 millones de años.

- Se habla de que el diámetro del universo observable desde la Tierra mide 46,500 millones de años luz y que en todas las direcciones comprende 93,000 millones de años luz.
- Posee cuatro dimensiones:
  - Largo
  - Ancho
  - Alto
  - Tiempo
- Se mantiene unido gracias a la fuerza de GRAVEDAD.
- Contiene principalmente:
  - Materia: 5% de átomos
    - El 75 % de estos átomos son de hidrógeno (H), que es el elemento más ligero que existe. Está formado por un protón y un electrón. En condiciones normales se encuentra en estado de gas diatómico (H_2). Es insípido, incoloro e inodoro.
    - Al combinarse el hidrógeno con otros elementos, como por ejemplo una molécula de oxígeno, forma el agua, o con el carbono, forma compuestos orgánicos.
  - Materia oscura: 25%
    - Se sabe que se encuentra ahí; sin embargo, a la fecha, no se ha podido observar debido a que se cree que sus partículas no absorben, reflejan, ni irradian ningún tipo de luz. Se ha estudiado teóricamente por los efectos gravitacionales que ejerce sobre la materia visible.

- Energía oscura: 70%
  - Se sabe que existe porque se ha medido gracias a la aceleración cósmica.

El gran misterio realmente es entender de qué está formada la materia y energía oscura, que comprende casi la totalidad de lo que lo forma el universo. Todo ese campo oscuro que vemos al voltear al cielo en la noche no se sabe aún qué es.

A continuación, veamos algunas teorías científicas que están en proceso de validación, las cuales tratan de descifrar de qué está hecho el universo. La última que encontré en diciembre del 2020 dice: "El universo está hecho de fragmentos de energía, en vez de ondas o partículas" (Silverberg, 2020). No obstante, existen otras tales como:

- Teoría de Cuerdas, de Jöel Scherk y John Henry Schwarz.
- Teoría de la Ciencia Unificada, de Nassim Haramein.
- Universos Paralelos, de Hugh Everett-Stephen Hawking.
- Cosmología Cíclica Conforme (CCC), de Roger Penrose.

Resulta increíble darse cuenta de que prácticamente no sabemos nada. Concientizarlo nos permite dimensionar que somos parte de todo; sin embargo, debemos ubicarnos y ser humildes. Sabemos que somos energía, pero aún no poseemos la respuesta básica acerca de:

Para qué estamos aquí

Bien aplica el ejemplo de deGrasse Tyson que comentamos anteriormente sobre los chimpancés. Es tiempo de preguntarnos cuál es nuestro nivel o en dónde nos encontramos realmente antes de poder responder a esa pregunta tan elemental.

Los científicos continúan con sus propios avances para comprender qué es el todo, desde lo más pequeño hasta lo más grande. Como hemos visto a lo largo de la historia, los grandes descubrimientos se han dado, en promedio, cada 50 o 150 años, siempre buscando contestar las interrogantes básicas. Así que no nos sorprendamos si de pronto aparecen nuevas teorías; esperemos que estas nos ayuden a todos a evolucionar para volvernos más conscientes y coherentes.

El inicio de febrero de 2020 abrió con el aterrizaje del *Persevarance* que, como ya lo comenté anteriormente, tiene como principal objetivo el buscar vida en Marte e investigar más acerca de sus condiciones, para el futuro de otros viajes tripulados.

Los descubrimientos de posibles planetas con vida no han parado gracias al avance de la tecnología, que nos permite ver cada vez más lejos y con mayor detalle. En 1992, se encontraron los primeros dos exoplanetas, que son aquellos que orbitan alrededor de otras estrellas como el sol, y donde se cree que puede existir vida con más probabilidad. A la fecha se sabe que existen más de 4,000 de estos exoplanetas, que se han clasificado por importancia de acuerdo con la probabilidad que tienen de ser habitables. Actualmente, el que tiene la calificación más alta del índice de similitud con la Tierra se llama *Teegarden b* y se encuentra orbitando dentro de la zona habitable de la estrella de *Teegarden*; su sol es una estrella enana roja tipo M, y se encuentra a unos 12 años luz de distancia del Sistema Solar. Fue descubierto en julio de 2019.

El nuevo telescopio James Webb, que se planea lanzar en octubre de 2021, podrá ver con más claridad y a una mayor distancia que ningún otro telescopio lanzado antes en el espacio. Seguramente pronto tendremos muchas sorpresas gracias a sus descubrimientos. Uno de sus primeros proyectos es ver si en el exoplaneta Teegarden se encuentran moléculas que tengan contenido de oxígeno o metano, que son las que generan procesos biológicos en la Tierra. (James Webb Space Telescope, 2021)

En un estudio reciente publicado por la NASA se cree que pueden existir, solo en nuestra galaxia (Vía Láctea), un estimado de 300 millones de planetas habitables ubicados entre 20 o 30 años luz de distancia. Si partimos de que algunos científicos consideran que podría haber unos cien mil millones de galaxias en el universo, entonces solo haz la cuenta: 300 millones de posibles planetas habitables por 100,000 millones de galaxias. Resulta imposible que no exista vida en otro lugar; es pura lógica, ¿no crees?

Y ya que el universo no observable es 1,023 veces más grande que el observable, de nuevo te pido que seas consciente de que esto demuestra, una vez más, que en realidad sabemos muy poco del cosmos y de nosotros mismos.

Desde mi perspectiva no científica, lo que más ha llamado mi atención son las nuevas posibilidades de generar energía cuántica por medio de la gravedad y el concepto de que no somos sistemas cerrados, ya que esto generará cambios importantes en la humanidad en un futuro no muy lejano. Se están presentando grandes avances en cuanto a las teorías de la física cuántica, y ya que es una ciencia compleja, trascendental y ENIGMÁTICA, dejémosles a los expertos que la describan con mayor detalle.

En una sesión de preguntas y respuestas, donde estuve presente y que se llevó a cabo de forma virtual en marzo de 2021 con Nassim Haramein, él habló de la posibilidad de que en un futuro sea posible la manipulación de la gravedad, haciendo dispositivos que la controlen. El efecto principal que esto causaría en la sociedad sería el de pasar de un pensamiento de escasez a uno de abundancia. Lo importante no es como se gastaría esta energía, sino cómo se utilizaría para generar nuevas innovaciones en beneficio social. Haramein lo ejemplificó diciendo que un desierto se podría irrigar con agua para generar cosechas sin gasto de energía y/o infraestructura; otro caso sería la producción de agua potable tomada desde los océanos para los lugares en donde existe escasez, sin costos de energía y sin daño al planeta. A nivel mundial, se podría equilibrar el poder entre las naciones y la transformación de la humanidad, pero claro, antes que todo, el primer paso es elevar la consciencia coherente mundial , buscando la unificación de las razas, ideas y demás.

Este es nuestro gran reto, ya que las nuevas tecnologías que surjan si no son utilizadas en beneficio de la humanidad, nos pueden llevar a lo contrario. No es la ciencia la que nos va a cambiar, es nuestra consciencia y nuestras decisiones individuales y colectivas las que mejorarán este mundo y nuestro entorno.

Dentro de la corriente de la consciencia como un elemento que forma parte del universo existen ejemplos de científicos respetados que la estudian, como Robert Lanza. En su último libro de 2020, *The Grand Biocentric Design: How Life Creates Reality,* explica cómo la consciencia determina la estructura del universo. Es un tema muy resbaladizo y polémico, así que para aquellos que quieran profundizar en un nivel más teórico y científico, recomiendo lo lean.

Más allá de tratar de entender estas corrientes y teorías, lo que nos corresponde es preguntarnos: ¿qué tan RECEPTIVOS estamos para aceptar o escuchar nuevas ideas?, ¿cuál es nuestra capacidad de adaptación a los cambios en caso de que alguna o varias de estas teorías se validen en el futuro y cambien nuestras vidas? En el corto plazo, preguntémonos: ¿qué tan dispuestos o abiertos hemos estado para acoplarnos a lo que está sucediendo ahora?

El verdadero desafío se encuentra en romper las zonas de confort y programaciones mentales. Observemos alrededor: TODO ESTÁ EN CONSTANTE MOVIMIENTO Y CAMBIO. Dar este primer paso nos ayudará a tener una mayor capacidad de adaptación a este entorno tan incierto en el que vivimos día tras día, a abrirnos a las diferentes posibilidades que puede ofrecer el universo, que es tan chico o grande como queramos. La física cuántica así lo establece. No hay nada escrito ni lineal, ya que existe un océano de posibilidades para cada uno de nosotros.

La ciencia está entrando en un periodo exponencial de descubrimientos, por lo que las referencias que cito en este libro, de la noche a la mañana, pueden cambiar. Es fascinante estar en estos tiempos donde se develan nuevas cosas que pueden transformar nuestra perspectiva acerca de lo conocido a la fecha, ya que lo descubierto por los científicos sobre nuestra realidad es mínimo: solo conocemos el 5%. El mismo Big Bang, como el inicio del todo, se está cuestionando; a su vez, hay muchas interrogantes acerca de lo que hubo antes y de cómo se está expandiendo el universo.

En cuanto al universo microcelular se refiere, existen cuestionamientos básicos acerca del funcionamiento de nuestro cuerpo, de las proteínas, entre muchos otros. Lo importante es darse cuenta del cómo todo funciona de una forma tan increíble, tan coherente y tan coordinada dentro de nuestro ser con el resto de los sistemas que lo componen.

Tomemos consciencia y tratemos de entender qué somos y cómo estamos formados. Si profundizamos, descubriremos que somos como un universo o tal vez, que nuestro cuerpo está compuesto de muchos universos que se comunican de una manera instantánea entre todos los elementos que lo forman y, a su vez, que todos estos componentes se mantienen constantemente actualizados acerca de cómo están las demás partes, apoyándose siempre entre sí para mantenernos funcionando con la mayor energía posible, reaccionando a diferentes situaciones, protegiéndonos o buscando la mejor manera de adaptarnos a nuevos entornos.

Pon especial atención en la cantidad de elementos que existen dentro de nuestro cuerpo y en todo lo que se encuentra alrededor, porque te permitirá dimensionar nuestro universo interior, el cual conforma todo lo que se conoce hasta ahora, pero no nos sorprendamos si en un futuro descubren que dentro de nosotros también existen hoyos negros.

Todo esto puede parecer muy complejo; sin embargo, si levantas la vista, te elevas y te observas como parte del universo, y después, miras a todos lados como si fueras una galaxia más, lucirá más sencillo. Bien lo dice Neil Turok, uno de los principales físicos teóricos mundiales y escritor de su famoso libro *El universo está dentro de nosotros,* en un artículo acerca de la Teoría del Universo Espejo: "Rescato una cosa de las observaciones de los últimos 30 años y es que el universo es increíblemente simple… A grandes escalas, no es caótico, no es aleatorio. Es increíblemente ORDENADO y regular, y se requiere de muy pocos números para describir todo" (BBC News Mundo, 2020).

Otro gran científico teórico, Julian Barbour, reconocido por tener ideas fuera de la caja, promueve este tipo de pensamiento desde hace mucho tiempo, ya que él considera que el espacio seguirá expandiéndose de una manera más compleja, pero a la vez más estructurada. Mientras esto sucede, da un mensaje de vida a la humanidad:

> No importa cuál sea el destino del universo a nivel cósmico, lo cierto es que por ahora cada ser humano vive con una certeza indiscutible… No quiero ser melancólico, pero tú y yo vamos a morir… Creo que podemos salvar el mundo si la gente se hace a la idea de ser mejores personas con los demás y sobre todo, no importa en qué dirección avance el universo... Mi consejo es que ¡no pierdan el tiempo! (BBC News Mundo, 2021)

Aquí la respuesta que dio otro gran científico, sociólogo y religioso, Michio Kaku, cuando se le preguntó si estaba optimista sobre el futuro:

> Creo que nos dirigimos hacia una civilización de tipo I, una civilización planetaria donde los humanos pueden hacer cosas como controlar el clima y aprovechar toda la luz del sol. El Tipo II es una civilización estelar que puede controlar el poder de una estrella completa. El Tipo III es una civilización galáctica que controla la salida de 100 mil millones de estrellas, juega con agujeros negros y recorre la galaxia.
>
> Hoy somos del tipo 0 y obtenemos nuestra energía de plantas muertas, petróleo y carbón. Cuando

abro el periódico, veo los dolores de parto del tipo
I. Por ejemplo, Internet es el comienzo de un
sistema telefónico de tipo I. Tenemos el privilegio
de estar vivos para presenciar el nacimiento de una
tecnología de tipo I: un sistema de comunicaciones
planetarias verdaderamente inteligente. En general,
soy bastante optimista. Creo que llegaremos al tipo
I. El punto de peligro está entre el tipo 0 y el tipo
I; ahí es cuando tienes el poder de destruir toda la
vida en tu planeta. (Kaku, 2011)

Recomiendo busques en Youtube el video *"Cosmic
Consciousness, Resonance Psychophysical Fields and the Future of
Planetary Evolution"*, ya que resume lo escrito en las primeras partes
de este libro. Es una entrevista que Deepak Chopra le hace a Ervin
Laszlo, alguien a quien admiro mucho. Es de diciembre de 2020, con
información muy actualizada y tal vez avanzada para nuestros
tiempos. Laszlo ya es una referencia para muchos, pero estoy seguro
de que a futuro será reconocido mucho más por la forma en que
integra los conocimientos desde la física cuántica, la evolución
humana, la espiritualidad, las ciencias, la ecología del planeta y sobre
todo la importancia de los conceptos de la consciencia y coherencia,
de que todos somos parte del todo.

Pasos para vivir del corazón al universo

El principal objetivo que tiene esta tercera parte es que te pongas en acción, que apliques lo aprendido de una forma práctica para que empieces a tener resultados. Es muy importante que sepas que no hay niveles, no tienes que compararte con nadie, no hay calificación. Es tu propia evolución por lo que no tiene tiempo ni espacio. Los caminos y las posibilidades son infinitas, y se van personalizado para cada uno conforme avanzamos.

Considero que estas bases te servirán como una guía, pero eres libre de adecuar esta información o de buscar otras maneras de hacer las cosas, no importa; lo que importa es tomar acción, que descubras desde el corazón cuál es tu mejor metodología.

A continuación, te comparto siete claves con una breve explicación. Estas son parte de mis meditaciones, pero tú no tienes que hacer lo mismo si no quieres. Con que las entiendas conscientemente y las reafirmes llevándolas a cabo en un día diferente de la semana, podrás empezar de una forma sencilla, o si lo deseas, también las puedes aplicar el mismo día. No hay regla. Cuando las practiques te darás cuenta de que se relacionan con un color que, a su vez, tiene una vibración que sirve para conectarte más con su energía. Te recomiendo que tengas algo de ese color o lo visualices cuando las practiques.

1. Actúa: LUNES - AZUL

Toma la decisión consciente de querer cambiar. Esta empieza dentro de ti, sintiendo que existe esa fuerza, ese poder del universo y de tu corazón. Ese despertar hará que se mueva lo demás, lo que necesitas. Debes de ser como la energía que está en movimiento para que las cosas sucedan y haya una transformación. No es tanto la energía física exterior, sino la que hay dentro de ti, en cada célula, cada átomo. Decídete a actuar; permítete reconocerla y sentirla, porque está en todo.

2. Aquieta la mente: MARTES - DORADO

No hay forma de sentir la energía, el poder interior que posees y que te da el universo, si no te aquietas. Aprende a meditar o a apaciguar tu mente; logra un silencio interior; no importa si es de un segundo o de una hora, son igual de válidos. Puedes empezar con cualquier técnica, desde la contemplación de la naturaleza o alguna otra que selecciones, que se adapte mejor a ti y a tu estilo de vida.

3. Ajústate: MIÉRCOLES - ROSA

Sé amoroso, tolerante y suave contigo. Es válido equivocarse, por lo tanto, sé diplomático con tu persona y con los demás. Pedir perdón no te hace menos. De hecho, te ayudará a disolver las emociones infelices actuales y pasadas. Ten la compresión para entender a los demás: recuerda que todos somos uno.

4. Ten disciplina: JUEVES - BLANCO

Aprende a dominar tus emociones, tu carácter y a ti mismo. Vive y siente cada átomo y componente energético de tu cuerpo físico y de tu ser. Maneja y controla con disciplina tu energía, para que así la puedas canalizar con pensamientos positivos, lo que te brindará estados de paz y te ayudará a cumplir tus deseos. Debes de tener la constancia de mantenerte en el proceso de tu propia evolución.

5. Sé consciente: VIERNES - VERDE

Ser consciente empieza con la comprensión de que eres un ser coherente unido con todo, perfecto como lo es el universo, la energía o el mismo Dios, en caso de que tengas o creas en uno. Tienes el poder de practicar tu propia curación. Piensa en una vibración de color verde, el que cura, como las batas de los doctores en los hospitales; aplícala a tus células y a las áreas donde la necesites, con concentración sostenida y fe.

6. Extrae fuerza: SÁBADO - ORO

Saca fuerza extra del mismo corazón y del universo para que te mantenga en el rumbo de los valores, de un ser de bien, y te mantengas en armonía, feliz contigo mismo, con los demás y con todo.

7. Suéltate y déjate ayudar: DOMINGO - VIOLETA

Estas 7 claves las adecué para el libro, tomando las bases que aprendí de uno de mis maestros, Rubén Cedeño, a quien conocí en Ecuador. Él tiene una forma muy energética y especial de enseñar. Fue discípulo directo de la gran maestra Conny Méndez. Rubén es escritor, poeta, artista plástico, conferencista, cantante lírico, máster de la música, autor y compositor. Ha escrito más de 515 libros que se han traducido a 5 idiomas; ha dado cursos en más de 232 ciudades en 87 países. Actualmente, lo señalan como el guía de las enseñanzas de metafísica en el mundo.

A Rubén lo conocí hace más de 20 años. Muchas de sus enseñanzas de entonces no las entendía, pero algo que se me quedo muy grabado fue la importancia de SENTIR. Además, de él aprendí la relevancia de la música, sus vibraciones y tonos, que agrupados y dejándolos fluir, crean la armonía. Varios autores que cito como Albert Einstein que tocaba el violín, Ervin Laszlo que es pianista clásico, así como Rubén, tienen que ver con el campo de la música o la practican. La música, las matemáticas y la física cuántica están muy relacionadas.

En esta última parte del libro podrás aplicar lo aprendido. De nuevo, no hay prisa, pero si quieres tomar ACCIÓN, estas páginas te sirven de referencia. Las puedes releer y hacer los ejercicios varias veces, ya que uno cambia y evoluciona con el tiempo. Nada es estático; todo está en movimiento. No olvides anotar en tu diario tus comentarios. Te ayudarán a ver tus progresos.

A continuación, las 10 recomendaciones que te servirán para evolucionar hacia un ser humano más consciente-coherente y así vivir más del corazón al universo. Disfrútalas y diviértete. Manos a la obra.

3.1 Vive desde el corazón

Hoy en día en los entornos de incertidumbre (ambientes VICA) que vivimos es más difícil que nunca hacer planes. Sin embargo, desde hace mucho tiempo, descubrí que incluso aunque se tenga el plan más detallado del mundo con una operación eficiente, siempre falta algo, y ese "algo" es la actitud correcta. No importa si se cuenta con la estrategia, los procedimientos o el sistema perfecto, si la persona no quiere apretar el botón para cambiar, simplemente no lo hará aun cuando cuente con el mejor manual, con todos los conocimientos o el mejor entrenamiento. Esto aplica también a nivel individual, familiar, como pareja o como ciudadano.

La gran pregunta es ¿por qué no apretar el botón? Como ya lo expliqué anteriormente, se resume en dos principales razones: el MIEDO o la falta de PERDÓN. La forma de solucionarlo es mediante la creación de un CLIMA EMOCIONALMENTE CREATIVO. Lo repito hasta el cansancio porque considero que los entornos son esenciales para facilitar los cambios.

Si el nuestro no es agradable, resultará muy difícil generar soluciones creativas a nuestros retos. Depende del líder en las organizaciones y, en el caso individual, de cada uno de nosotros fomentar la UNIDAD Y EL APOYO; primero, desde el corazón para posteriormente integrarlo con la mente, y de ahí replicarlo a nivel de equipo o sociedad.

Así como le dedicamos tiempo al ejercicio y a la nutrición, necesitamos dárselo al corazón y a las emociones a través de la creación de ambientes positivos, empezando por nuestros pensamientos y sensaciones. Debemos aprender a manejar nuestro miedo y hacernos su amigo, conociéndolo y avanzando paso a pasito en este camino, con paciencia y sin desesperación por ver cambios inmediatos. Todo es un proceso. Los barcos no varían tan rápido de ruta por la sinergia que llevan; igualmente en nosotros o en las empresas, las transformaciones se darán, pero hay que tomar la nueva dirección y mantenerla.

Hoy más que nunca se vuelve urgente darle la importancia debida al corazón y al amor, lo que nos ayudará a tener COHERENCIA, que se reflejará en resultados beneficiosos a nivel individual y colectivo. Bien lo dicen muchos líderes mundiales y científicos: solo nos quedan 30 años para darle la vuelta a la situación actual y crear un mundo mejor con CERO emisiones de carbono, y solo lo lograremos si todos juntos, desde el corazón, cambiamos nuestras acciones.

Durante mi propia búsqueda del camino, aprendí varias técnicas, conocí a muchos maestros (todos te dejan algo) y experimenté con diferentes métodos. Sin embargo, después de años, encontré que para mí la vía más corta es empezar a sentir desde el corazón. Si partes de ahí, el resto se hace más fácil, tiene más sentido y lógica. Por eso te pido que aprendas el lenguaje de la energía desde su frecuencia más alta: el amor. Si tus acciones y pensamientos tienen este componente, verás los cambios positivos. Ponerle corazón a lo que piensas y haces volverá tu mundo más gratificante, vivirás con más paz y traerá beneficios para todos. Básicamente, es como ponerle sal y pimienta a la comida.

Seguramente te preguntarás cómo comenzar a sentir desde el corazón, y debo decirte que no hay una forma única, pero sí simple. Lo puedes hacer con tu propio método, pero yo te comparto lo que para mí más me ha conectado con él. Es un ejercicio que te ayudará a iniciar este hermoso camino. Al final se trata solo de estar consciente de lo que pensamos, de lo que hacemos y de si es de manera amorosa.

La meditación

Uno de mis autores predilectos, que he seguido durante toda la vida a través de sus libros, videos, programas, entre muchos otros materiales, es Wayne Dyer. La razón es porque comparto sus valores familiares y admiro la forma en que enfrentó sus propios retos, tanto a nivel personal como familiar. El modo en que transmite sus enseñanzas siempre ha sido mediante una energía amorosa, o al menos, así es como yo lo he percibido. Este autor falleció en el 2015 y fue muy reconocido por su obra *Tus zonas erróneas,* que escribió en 1976, considerada uno de los libros más vendidos de todos los tiempos con más de 100 millones de copias.

Por su parte, Deepak Chopra, quien fue muy amigo de Wayne, le tenía gran admiración. De hecho, en un video, Chopra cuenta que un día le pidió consejo para solucionar un problema. Él le contestó: "Medita". Chopra no quedó satisfecho con esta respuesta e insistió: "Sí, pero… ", a lo que Dyer le volvió a decir: "Solo medita". Él insistió de vuelta, pero recibió la misma respuesta. Años después, Deepak Chopra escribió un libro sobre la importancia de la meditación: *Total Meditation: Practices in Living the Awakened Life.* Recomiendo que lo leas.

La meditación es una herramienta básica que todos deberíamos de conocer y practicar. Científicamente se han desarrollado muchos estudios que comprueban sus beneficios, y en los últimos años, han proliferado una enorme cantidad de videos, maestros y aplicaciones que te enseñan cómo hacerlo. Lo cierto es que más allá de todos estos medios, la mejor meditación es la más simple, con la que tú te sientas cómodo. Solo es cuestión de probar y sentir cuál funciona mejor para ti. Puede ser algo tan sencillo como CONTEMPLAR LA NATURALEZA CON LOS OJOS ABIERTOS.

Quiero compartirte que hace algunos años yo cometí un gran error cuando comencé a asistir a mis primeros talleres y cursos, donde te enseñaban a meditar. Durante la clase, el maestro ejecutó su práctica y nos dio las instrucciones. Imagínate la situación en un grupo de aproximadamente 50 personas. No logré sentir nada y me oxigené de más. Francamente me sentía muy incómodo, pero lo peor no fue eso; al finalizar, el maestro le preguntó a algunos qué habían sentido, y una persona dijo que hasta un orgasmo había tenido. Mi primer pensamiento fue que a lo mejor yo también lo había experimentado sin darme cuenta, así que bajé la vista para comprobarlo y pues… nada.

Te cuento esta experiencia porque aprendí a no tener expectativas acerca de lo que se debe de sentir durante la meditación y menos a compararse con lo que los otros han experimentado. Ese fue mi gran error: escuchaba lo que los otros sentían y pensaba: "Bueno, yo no lo siento". Fue hasta que dejé eso de lado y fluí cuando la meditación me empezó a servir. Medita SIN ESPERAR NADA. ES UNA EXPERIENCIA TOTALMENTE PERSONAL con resultados únicos para cada uno. Te sugiero que lo hagas de la forma más personalizada posible. Empieza de una forma sencilla, entre más simple mejor.

Existe una meditación básica y muy fácil desarrollada por el HeartMath Institute que se llama *Quick Coherence® Technique*. Esta técnica parte del corazón, así que te recomiendo veas el video en su sitio web. Te comparto un resumen de los pasos:

> <u>Paso 1:</u> Centra tu atención en el área del pecho. Imagina que tu respiración fluye hacia adentro y hacia afuera de tu corazón, respirando un poco más lento y profundo de lo normal.
>
> Sugerencia: Inhala 5 segundos, exhala 5 segundos (o el ritmo que te resulte cómodo).
>
> <u>Paso 2:</u> Haz un intento sincero de experimentar un sentimiento regenerativo de amor como aprecio o cariño por alguien o algo en tu vida.
>
> Sugerencia: Intenta revivir el sentimiento que tienes por alguien que amas, una mascota, un lugar especial, un logro, etc. o concéntrate en una sensación de calma o tranquilidad. (HeartMath Institute, 2021)

En resumen, medita desde el corazón, pensando y sintiendo (puede ser con los ojos abiertos o cerrados) las siguientes emociones: amor, gratitud, compasión, apreciación, empatía, esperanza, fe o cualquier sentimiento amoroso. Te recomiendo hacerlo por tres minutos o más. Es como tomar medicina tres veces al día. También lo puedes hacer cuando tengas actividades que sepas te pueden producir frustración, ansiedad, irritación o coraje, ya sea antes o después. Es muy fácil y un gran comienzo para generar en ti un estado de consciencia coherente desde tu corazón y mente. Claro está que sin consistencia no va a servir de nada, así que tienes que querer hacerlo y ser constante. Te aconsejo que la integres como una más de tus actividades diarias. Hay muchos tipos de meditaciones, formas de hacerlo, material en la web y aplicaciones. No te preocupes, puedes ir probando hasta encontrar la más adecuada para ti. También es válido ir cambiando; lo importante es ser perseverante y empezar. Acercarte al corazón y sentir su presencia te dará más apertura y fluirás con los cambios de la vida con más confianza y flexibilidad.

3.2 Ríndete, no pongas resistencia y empieza a limpiar

¿Rendirte a qué? La respuesta es muy fácil… a TODO, liberando lo que te genere angustia, estrés o temor. ¿Qué significa RENDIRTE? Es que estés dispuesto a permanecer más cerca de tu corazón, a estar presente, a fluir con los cambios de la vida con más confianza y flexibilidad, para adaptarte a ellos en un estado de paz y armonía.

RENDIRTE te lleva a un estado de conexión e iluminación con el universo y el todo.

RENDIRTE ES HACER UN ALTO a lo que piensas repetidamente por mucho tiempo, eso que te causa inquietud, dolor y otras cosas más.

RENDIRTE es soltar y dejar que suceda lo que tenga que suceder, sin miedo.

RENDIRTE es no querer controlar el resultado o que los demás actúen y piensen como desearías. Es dejar AL UNIVERSO que acomode las cosas. Estar abierto a las miles de posibilidades que puedan surgir; ni siquiera es necesario razonarlas; lo más importante es desistir de imaginar y permitir que pasen, que siempre será lo mejor para ti.

RENDIRTE no es que no hagas nada, es probar diferentes opciones, pensar distinto, tomar otros caminos sin miedo ni angustia, dejando que sean libres los resultados, sin tratar de programarlos. Solo CONFIANDO en que serán lo mejor para ti.

Al principio debes de tener paciencia, ya que el RENDIRSE generalmente causa inseguridad porque creas fantasías acerca de lo que puede pasar. Con certeza te digo que todas esas historias de horror que se inventan de manera muy creativa, con los peores escenarios que se pueden imaginar, rara vez suceden, y en el caso de que ocurra algo parecido, los sentimientos y posición serán diferentes a los que se tenían cuando se estaban pensando. Hacer esto solo causa daño.

La mejor forma de soltar y rendirse es dejárselo al corazón. Sí, así de fácil. Te recomiendo que pongas una mano en él, lo sientas a través de los latidos y le digas que te rindes a tal evento o situación, que le dejas ese asunto para que con el universo lo resuelva. Si lo haces de verdad con entrega, sentimiento y consciencia coherente funcionará, y seguro te preguntarás por qué. La respuesta es que le estás transfiriendo la responsabilidad a una entidad mucho más grande, poderosa y sabia que tú. La mente indirectamente también se rinde al verse minúscula frente a algo que no tiene dimensión y no puede encuadrar ni controlar, ya que esta fuera de sus fronteras.

Otra manera un poco chusca, pero práctica, que un día mi madre muy sabia les recomendó a mis hijos, fue la siguiente. En ese momento ellos tenían entre 14 y 15 años y llevaban varios días preocupados por una situación. Mi mamá les preguntó qué les pasaba. Los dos se lo platicaron y con estas palabras amorosas, pero fuertes, les contestó: "Hijitos míos, no sean doblemente pendejos. No tiene caso preocuparse dos veces. Dejen de hacerlo ahora que no ha sucedido el evento, y si ocurre, pues bueno ahí ya tomarán las acciones para resolverlo. No hay nada que no se pueda solucionar, incluso la muerte es un proceso o etapa que se debe soltar porque seguro sucederá algún día".

RENDIRSE es una superherramienta; es como un SUPERALIMENTO que puede acortar muchos procesos si lo practicas, sobre todo aquellos en donde uno se encuentra atorado o ha estado luchando por mucho tiempo. Rendirse es recomendado tanto por los sabios de la antigüedad como por los maestros actuales de diferentes ciencias y religiones. Existen materiales que puedes leer o ver en todos los idiomas. Te recomiendo estos dos libros que te ayudarán a profundizar:

- The Power of Surrender: Let Go and Energize Your Relationships, Success, and Well-Being, de Judith Orloff M.D.
- The Art of Surrender: A Practical Guide to Enlightened Happiness and Well-Being, de Eiman Al Zaabi.

Ejercicio de la limpia

Para iniciar, te voy a dar una técnica muy eficaz y práctica que ejercitará tu habilidad de RENDIRTE. Esto se hace de una forma muy fácil: LIMPIANDO (deshaciéndote de cosas). Sí, limpiando todo lo que puedas, empezando por tu entorno con las cosas físicas que tienes. De ahí, en automático y de manera inconsciente, comenzará a limpiarse también tu mente y la parte emocional, pero debes de tener la decisión y el valor de hacerlo. Realizar este ejercicio te quitará mucho peso físico y emocional, lo que te ayudará a ser mucho más flexible y a tener mejores capacidades de adaptación, ya que si cargas mucho peso será difícil moverte.

Los pasos para realizarlo se pueden hacer en diferentes tiempos. No hay prisa de acabarlo. Puede ser algo que se haga constantemente; por ejemplo, cada semana, mes o año; depende de cada uno y del momento.

Las bases son muy sencillas. La regla principal es: únicamente lo que de verdad necesitas y usas, consérvalo; lo demás solo te ocupa espacio a ti y al planeta. Entre menos consumas, más ecológica será la Tierra. No es cuestión de extremos y de no gozar lo que se posee, eso no es lo que se busca. La idea es disfrutar lo que se tiene y lo que usas, y en algunos casos, no sufrir por lo que no se tiene.

Es increíble como la mayor parte de los seres humanos acumula, compra y compra cosas que solo usa una vez, o tal vez varias, pero después se quedan arrumbadas, deteriorándose, cuando alguien más las podría usar si no estuvieran guardadas.

La forma de empezar este ejercicio es muy fácil; hazlo por zonas de tu casa, partiendo de lo más ligero a lo más pesado y clasificándolo de la siguiente manera:

1. Todo lo que se pueda ir a la basura:

Papeles viejos, manuales, cartas, tarjetas, fotografías, archivos que ya no ves o no vayas a utilizar. Si dudas acerca de tirarlo, solo pregúntate: ¿CUÁNDO FUE LA ÚLTIMA VEZ QUE LO VI? ¿LO VOLVERÉ A VER O A UTILIZAR?, o bien, ¿LO NECESITARÁ ALGUIEN? Si respondes de manera afirmativa a la última pregunta, mándaselo a esa persona, para que tú ya no lo tengas. Ya si ella lo tira o lo guarda es su decisión. LIMPIA y LIMPIA lo más que puedas. De preferencia trata de reciclar y separar las cosas para que las puedas llevar a lugares donde las aprovechen. Investiga dónde se encuentran estos lugares de reciclaje. No es urgente, pero sí necesario que cierres bien el ciclo.

Nota: Es válido y recomendable tener una caja de pañuelos desechables para llorar en caso de que aparezcan recuerdos. Es importante soltar las emociones al ver que se tira algo; eso es lo que ocasiona el rendirte. "Esto ya pasó, es parte del pasado, ya no lo necesito y lo dejo ir". De esta forma, sueltas peso mental y emocional. Entre más deseches, mejor. Limpia y crea vacíos. No trates de llenarlos de nuevo, si no este ejercicio no funciona. Recuerda que el objetivo es conscientizar acerca de tener lo que realmente utilizas y gozas.

2. Todo lo que se pueda regalar:

No sabes qué satisfacción da el regalar todo lo que se pueda o lo que no usas. Hay muchísima gente que lo puede utilizar y aprovechar mucho mejor que tú, que lo tienes guardado, desde la ropa que ya no vistes por no sé cuánto tiempo, como los equipos, accesorios y otras tantas cosas, incluyendo muebles, artículos de cocina, deportes, belleza, jardinería, etc. Así que, por favor, todo lo que puedas regalar, regálalo. Verás que se siente muy bien, ya que viene del corazón y es un gran acto de bondad y amor. Esa energía se queda dentro de ti y alimenta el todo. Si todos obsequiáramos lo que no utilizamos, no importa si es mucho o poco, se generaría una energía colectiva muy amorosa.

Dependiendo el lugar, la gente puede ir a recogerlo. También puedes anunciarlo en las redes sociales, ofrecerlo a lugares de beneficencia o a cualquier otro sitio donde lo puedan utilizar. Estoy seguro de que encontrarás la mejor opción para ti y para quien lo reciba. Si se hace desde el amor y sin esperar nada a cambio, ganarás ser bondadoso, limpiar y aprender a desprenderte de lo que ya no necesitas, lo que tu ayudará a estar más ligero y a sentir más la energía del amor incondicional.

3. Todo lo que se pueda vender:

Es válido que si hay cosas con valor y requieres de dinero, las vendas a un precio accesible para otros, quienes las podrán aprovechar y ahorrarán; de esta forma, hay un beneficio mutuo.

Recomiendo inicies en la cocina. Ahí siempre hay objetos duplicados y viejos; después, sigue con las recámaras, y al último, con las zonas generales. Tómate el tiempo para hacerlo con calma y conscientemente, para dejar ir todas las cosas sin culpa ni remordimiento, libremente. Que sea de verdad un proceso de RENDIRSE A SOLTAR. Ya verás cómo el universo se da cuenta y empiezan a suceder cosas, ya que estás sacando energías viejas y estancadas que no sirven y dejando espacios vacíos, limpios para que circulen nuevas energías.

Una pregunta que me hacen cuando comento este ejercicio es "¿hasta cuánto limpio o me deshago de las cosas?". La respuesta es simple: considera los planes o visiones a futuro que desearías llevar a cabo. Por ejemplo, si te gustaría cambiarte de país o ciudad, ¿cuánto te quieres llevar? Recuerda, entre menos, mejor. Así te darás cuenta de que no se necesita mucho para vivir de una manera confortable.

Te comento de nuestro caso como familia. Hace años nos mudamos de México a Vancouver, Canadá. En México, habíamos construido nuestra casa de los sueños. Allí había transcurrido la historia de nuestros hijos de 16 años y la mía de 50 años; sin embargo, decidimos que, como bien dicen por ahí, si vas a hacer cambios de verdad y no te quieres arrepentir para después regresar a lo mismo, entonces haz un buen cambio y QUEMA LAS NAVES, y así lo hicimos. Limpiamos todo lo que teníamos. Vendimos la casa, coches, ropa, muebles, todo. Solo llegamos a Canadá con 8 maletas y 12 cajas: ese fue nuestro equipaje, y créeme que fue todo un ejercicio que acostumbró a la familia a ser prácticos y flexibles. Tratamos de mantenernos simples y, aunque claro gozamos lo material, disfrutamos mucho más las experiencias, que son las que nos enseñan más. Asimismo, al estar simples es fácil moverse.

Esto no aplica para todos, pero es recomendable por lo menos regalar lo que ya no uses; te aseguro que la humanidad te lo agradecerá. Verás que no solamente será una limpia física, sino también, mental y emocional. Esta práctica te ayudará en el proceso de RENDIRTE más fácil a otras situaciones que se presenten en la vida. El chiste es no retenerlas y dejarlas ir.

Algunos otros ejemplos de casos donde puedes rendirte son:

- **Dejar de luchar por encontrar trabajo.** Solo búscalo, sin carga, sin esperar que cada solicitud o entrevista sea la buena; ve cada una como un entrenamiento y descubrirás que llegará tu empleo ideal en el tiempo y momento correcto.

- **Vivir con la preocupación del negocio.** Si no se puede más, pues se deberá dejar ir y te tendrás que reinventar, aunque si deseas continuar porque crees que es lo correcto, entonces actúa sin esperar cuándo se darán los resultados. Si tomaste la decisión de seguir, hazlo sin preocupación. Se trata de realizar cosas diferentes, por lo que te recomiendo busques innovaciones de procesos, productos o servicios para el negocio.

- **Encontrar a la pareja ideal.** Para esto primero hay que escribir qué es para ti la pareja ideal con el mayor detalle posible en todas las áreas, desde lo físico, mental, emocional, valores, actividades, amistades, etc. Por lo menos tienen que ser de 70 a 100 cosas detalladas. Hay que hacerlo bien y con consciencia. Mucha gente realmente no sabe qué quiere de su pareja ideal. Hay que poner todo lo que se desea y no se desea de la otra persona, que no te falte nada, ya que esto podría ser un punto importante y resultar en una sorpresita por no incluirlo. Por el otro lado, es muy importante anotar qué estás listo o lista a ceder para que ese príncipe o princesa se acople contigo. Ese es el punto, saber QUÉ QUIERES Y QUÉ ESTÁS DISPUESTO A CAMBIAR. Una vez hecho esto, déjaselo al universo para que aparezca en su momento adecuado y no pienses más en ello.

- Te recomiendo visites lugares diferentes y realices actividades distintas a las acostumbradas para cambiar de energía. Solo concéntrate en gozar el momento, sin pensar que va a aparecer o salir por ahí el prospecto. Él o ella NO APARECERÁ POR AHÍ, pero sí saldrá de donde menos te imaginas, en el momento más inesperado. Permite que el universo haga la cita casual como si fuera una aplicación. Él ya conoce perfectamente todas tus características, solo necesita tiempo para construir, armar, coordinar y hacer la sincronización para juntar mágicamente a las dos personas. Por eso es importante la paciencia, pero más importante, rendirte a no pensar más sobre el tema.

- **Dejar de controlar a las personas o situaciones.** Déjalas ser; no se trata de ellos o ellas; es nuestra decisión aceptar o modificar la situación. Así de fácil, o te rindes a dejar ser lo que es o haces el cambio, soltando el miedo a lo que pueda suceder. Empieza por transformarte tú mismo y deja a los demás su vida. Es su elección cómo quieren ser. Algunas veces, al ver nuestros cambios, el entorno y las personas también los hacen.

Cuando limpias lo más que puedes y te rindes, tomas mejores decisiones, ya que se quita mucho peso e incluso, piensas menos. Tus pensamientos serán más limpios; existirán menos cosas que se atoren dentro y fuera de ti; tu energía fluirá mejor y de una manera más armoniosa; te podrás conectar más desde el corazón hacia el universo de posibilidades que existen, a tu verdad y a la verdad del cosmos; fluirá todo más fácil. Cuando alinees tu fe con el corazón, surgirá la conexión con todo, el universo, lo divino, y dejarás de preocuparte. Ya lo verás, es un proceso, pero si lo practicas, tendrás grandes resultados. RÍNDETE y déjale tus preocupaciones al universo sin miedo y con fe, y de ahí saldrán las respuestas o las mejores soluciones para ti.

Te comparto lo que Barbara Marx Hubbard escribe en su libro *52 Codes for Conscious Self Evolution* acerca de este tema. Lo dice de una manera muy sabia y en pocas palabras:

> Cuando no sepas lo que hay que hacer, no intentes averiguarlo. Relájate, suelta, permite. Pídele orientación a tu ser universal. Ese ser lo sabe. Entonces confía en el proceso de creación interior. Y cuando sepas lo que hay que hacer, entonces lo podrás llevar a cabo de manera eficiente, eficaz y muchas veces de manera espontánea como parte del diseño más amplio de la misma evolución, del surgimiento de un orden más complejo y armonioso. (2011, pág. 19)

3.3 La intuición

Si te rendiste y limpiaste lo más que podías, tanto de la parte física como emocional, podrás sentir de una manera más inmediata, sin la intervención de la razón o la mente, las señales que provienen de tu ser, que se hacen llamar el Sexto Sentido. La intuición que te dará información muy valiosa si la sabes escuchar.

Aprende y acepta esta INTUICIÓN que generalmente se siente en las áreas del estómago o el corazón. NO PROVIENE DE LA MENTE. Es una sensación, una inspiración que llegamos a identificar con estas frases: "SIENTO QUE ES POR AQUÍ", "TENGO ESTE PRESENTIMIENTO", "TENGO ESTA CORAZONADA". Estos mensajes están ligados al corazón, tanto así que a veces nos referimos a ellos como CORAZONADAS, ya que sentimos que de ahí sale la información. En muchas ocasiones no se nos hacen lógicos, pero si los analizamos, veremos que tienen la respuesta que nos guiará por el camino correcto.

La intuición ha sido estudiada y comprobada por científicos y biólogos. Hay muchas investigaciones que avalan su existencia y beneficios. Una persona que averiguó mucho sobre tema fue el psicólogo Daniel Cappon, de la Universidad de York, en Canadá. En uno de sus libros titulado *Intuition and Management: Research and Application*, comenta que el presentimiento es la corona de la inteligencia humana, un concepto desprestigiado, pero que en realidad es el responsable de gran parte de nuestra supervivencia como especie.

Otro artículo publicado en la revista Psychology Today comenta que los presentimientos son nuestra mejor brújula cotidiana porque nos permiten actuar de acuerdo con nuestra verdadera identidad. La intuición funciona muy bien en estados complejos. Cuando tenemos que reaccionar de una manera rápida y efectiva, esta aparece y se activa de una forma muy natural por ser un mecanismo de supervivencia. Se presenta en forma de corazonadas. Aprovecha este don del sexto sentido que todo el mundo tiene; solo se trata de estar consciente de que lo posees; él te servirá mucho en épocas donde hay incertidumbre.

Es increíble cómo aparece cuando el razonamiento entra en un punto donde no nos da la respuesta acerca de qué hacer, qué camino tomar; entonces, en el silencio y muy sutilmente, llega la intuición para guiarnos. A veces resulta difícil explicar cómo se manifiesta en el preciso momento que la necesitamos. Si la examinamos con base en este libro, podría ser muy lógico, ya que el corazón es la conexión de nuestro ser con el todo. Ahí están todas las posibilidades. Es como una computadora cuántica que analiza con los mejores algoritmos cuál es la mejor respuesta o camino a tomar de entre todas las posibles alternativas existentes en ese momento, que pueden ser millones o infinitas, pero que escoge la mejor en un instante, donde no existe ni tiempo ni espacio. Reflexiona bien con lo que has vivido y te darás cuenta de que la intuición te ha dado la respuesta.

Espero que estás páginas te hagan ver en forma consciente-coherente que el universo es lo más avanzado que puede existir. Nosotros somos parte de él; todo es parte de él. Estamos conectados con la consciencia del cosmos; por lo tanto, las verdaderas respuestas no están fuera de nosotros, sino dentro. Ahí está la verdad última, y la intuición nos comunica con ella.

A continuación, te comparto algunas frases célebres; cada una dice mucho más que un montón de palabras:

- "La intuición es el susurro del Alma". Krishnamurti
- "La intuición es una facultad espiritual, y no explica, simplemente muestra el camino". Florence Scovel Shinn

- "La intuición es un regalo natural, que puede hacerte doblemente productivo en el trabajo, guiar tu vida y establecerte en tu propósito de vida". Vishen Lakhiane
- "La mente intuitiva es un regalo sagrado y la mente racional es un fiel sirviente. Hemos creado una sociedad que rinde honores al sirviente y ha olvidado al regalo". Albert Einstein
- "Creo en la intuición y en la inspiración. La imaginación es más importante que el conocimiento, porque el conocimiento es limitado, mientras que la imaginación abraza el mundo entero, estimula el progreso, dando luz a las evoluciones. Es, estrictamente hablando, un factor real de la investigación científica". Albert Einstein

¿Por qué el científico más reconocido de la humanidad (Albert Einstein) habla tanto de la intuición? Me parece que porque era un experto en el manejo de recibir los mensajes e ideas que provenían de su ser interior. Él sabía escucharla, era su gran aliada y amiga. Esa es la gran diferencia entre nosotros y Albert Einstein; a él tal vez le sucedía cuando tocaba el violín, así que te propongo averiguar cuál es la manera más fácil en que fluye tu intuición.

Ahora seguramente te preguntarás cómo escucharla, y puedo decirte que no hay un método específico, pero es una suma de todas las recomendaciones que están en esta tercera parte del libro. Además, te comparto una pequeña guía de dos pasos:

1. Calmar la mente, no estar en el pasado ni en el futuro, sino en el presente. Para aprender más sobre estar en el ahora, existe un gran libro llamado *El poder del ahora,* del escritor alemán Eckhart Tolle, publicado en 1997. Sé que es un reto, pero es un gran estado que te dará mucha paz y conexión contigo mismo y con el todo, por lo que te recomiendo leas y medites sobre el tema, ya que tienes que ejercitar la mente.

No te desesperes ni tampoco la obligues a que, de un día a otro, ya no piense en el pasado o el futuro. Es un proceso en el cual deberás de gozar y reírte, en vez de enojarte cuando la mente empiece de nuevo a crear historias acerca de lo que vendrá o de lo que fue. Debe ser suavecito y sutil. Más que nada se trata de enfocarse en el momento actual, y esto puede pasar cuando estás en estado de contemplación, meditación o haciendo algo que te gusta mucho, disfrutando tus pasiones, sin importar cuáles sean. Es precisamente en ese instante cuando no nos damos cuenta de que el tiempo está transcurriendo. Ten paciencia y encontrarás tu propia forma sin forzar nada; solo mantente atento y abierto a nuevas posibilidades.

2. Soltar. Sí, ya comenté esto antes, es rendirte. Recuerda que es como dejarte llevar por la corriente de un río, flotar en él sin poner resistencia. Si te lleva a una orilla y luego a otra, o de repente te atoras en una piedra o rama, no importa (eso son los pensamientos). Es dejarte ir por donde quiera sin juzgar. Solo permitir que la mente flote en la nada. La respuesta aparecerá, y esto pasa más cuando te desconectas del mundo exterior.

"Sigue tu intuición y el universo te indicará cuál
es el siguiente paso".

3.4 La intención y propósito de vida

La INTENCIÓN está ligada a toda tu vida y a tus actos; es como la firma de tu alma que permanece; la huella que dejas en la vida física, emocional, espiritual y energética. Tiene mucha potencia y es de alcance amplio, ya que no tiene tiempo ni espacio. Se queda en el universo y muestra por qué hiciste las cosas, independientemente del hecho, como un soldado que mata por defenderse o por la orden que recibe de alguien más. Hazte esta pregunta y sé honesto contigo mismo al responderla, pensando en las acciones que realizas.

¿CUÁL ES TU VERDADERA INTENCIÓN? ¿POR QUÉ HACES ESTO?

Esa solo la conoces tú. Solo tú podrás decir y anunciar lo valioso de tus actos. En el camino uno se encuentra muchas personas, maestros, líderes, empresas o gobernantes que no son congruentes con lo que dicen y hacen. En el momento no es posible apreciar que hay detrás de sus acciones, pero siempre el tiempo termina exponiendo todo, y es ahí cuando se da a conocer la verdadera intención.

Por lo tanto, el DESTINO está íntimamente ligado a la ella. Esto lo dice muy bien el antiguo texto de la india de *LOS VEDAS* conocido como *Brihadaranyaka Upanishad*:

> **Tú eres lo que tu DESEO más profundo es.**
>
> **Como es tu DESEO, es tu INTENCIÓN,**
>
> **Como es tu INTENCIÓN, es tu VOLUNTAD,**
>
> **Como es tu VOLUNTAD, son tus ACTOS,**
>
> **Como son tus ACTOS es tu DESTINO.**

Por ejemplo, una acción muy básica diaria, que todos de una forma u otra realizamos, es dar nuestra opinión sobre algo o sobre alguna persona. Podemos hacerlo desde el corazón, recomendándole a alguien que baje de peso de una manera amorosa y con la propósito de ayudarlo, ya que hacerlo mejorará su salud y se sentirá mejor, o bien, podemos criticarlo, juzgarlo o humillarlo. Tristemente esto último se da mucho, y aún más en tempranas edades con el famoso ACOSO escolar, que les está causando mucho daño a los niños. Sin embargo, también se da en adultos, en todos los sectores.

Podríamos empezar a mejorar esta parte con lo que nos decimos a nosotros mismos, ya que los propios comentarios dañan tanto a nuestro ser como lo que les decimos a los otros. Es una decisión consciente que provocará muchas respuestas positivas, generadas a partir de estos simples actos que, aunque no los veamos, se volverán reacciones en cadena. Hacerlo desde el corazón multiplica la energía y se expande hasta el universo.

A continuación, te comparto de nuevo los 10 PROPÓSITOS que busco alcanzar con este libro para ti. Espero que algunas ya se estén cumpliendo con lo que has leído hasta el momento.

1. Que te ayude a vivir más desde el corazón y veas todas las posibilidades que te da el universo.
2. Que descubras un poco más de ti, ya que esto te ayudará a tomar mejores decisiones.
3. Que te sirva como un marco de referencia y siembre una semilla para tu propia evolución consciente-coherente.
4. Que te motive a descubrir tus pasiones, lo que te impulsa, lo que te gusta, para que sobre esa base puedas ir haciendo tu propio marco de referencia acerca de cómo quieres vivir.
5. Que desarrolles tu propósito de vida sobre intenciones y valores positivos.
6. Que hagas un plan de desarrollo sobre la base de las habilidades y aptitudes actuales que posees, así como una lista de nuevos CONOCIMIENTOS Y HABILIDADES que te gustaría adquirir, haciéndolo todo con curiosidad, creatividad y de forma placentera.
7. Que uses las herramientas que te doy y que te motiven a descubrir otras nuevas.
8. Que vivas con mayor paz, sepas aprovechar y aprecies los momentos felices con más consciencia coherente.
9. Que vivas en gratitud al ver todo lo que SÍ tienes.
10. Que enfrentes las incertidumbres con mayor tranquilidad y fe.

Un libro que recomiendo ampliamente y que te servirá para conocer más de este tema es *El poder de la intención. Aprende a usar tu intención para construir una vida plena y feliz,* de Wayne W. Dyer. Como ya lo mencioné antes, este es un escritor que admiro mucho, y sus libros siempre me han dejado grandes enseñanzas. En esta obra, Wayne hace referencia a otros autores y resume, en muy pocas palabras, la relevancia del PROPÓSITO, de la INTENCIÓN y la relación que tienen con todo el UNIVERSO.

Wayne comenta lo mucho que lo inspiró Carlos Castaneda en el tema de la intención, ya que le hizo ver que no es algo que la persona hace, sino que es una FUERZA que existe en el universo como un campo de energía; ahí está la importancia. Una vez más notamos la presencia del cosmos en la vida diaria como una fuerza que existe y que si sabemos utilizar, nos ayudará a lograr todos nuestros propósitos.

He aquí la importancia de tener claro cuáles son nuestros propósitos y sus intenciones al hacer las cosas. Cuando tienen la misma vibración que la fuerza del universo, se logra una armonización como la música, una sinfonía con la cual bailarás en pareja con el mismo ritmo. Esta danza sincronizada hace que fluya sin esfuerzo lo que te propusiste lograr.

Y claro que el universo tiene un propósito, el cual es estar en continua evolución y seguir expandiéndose. Previamente, en el capítulo "Evolución o involución", vimos este tema; ahora pregúntate: "¿Estoy en evolución y expandiéndome?". Recuerda que:

"Como sean tus intenciones será tu destino".

Para que el propósito de vida esté en sincronización con el universo, se debe de partir del amor y del corazón. Ahí está la conexión con él, y sus bases deben de estar apoyadas en los valores básicos. Considera la regla de oro: NO LE HAGAS A LOS DEMÁS LO QUE NO TE GUSTARÍA QUE TE HICIERAN A TI.

Te invito a que realices el siguiente ejercicio. En la tabla, escribe en la segunda columna lo primero que te venga a la mente sobre cuál es tu INTENCIÓN ACTUAL de cada PROPÓSITO de la primera fila; es decir, por qué lo realizas. No pienses mucho ni juzgues. En la siguiente columna, anota cuál te gustaría que fuera tu intención. Aquí sí tómate un poco de tiempo para sentir. Permite que se expresen TU INTUICIÓN Y TU CORAZÓN. DÉJALOS SER. Procura no apuntar más de tres palabras, porque para ti estas tendrán un significado más amplio. Si quieres en tu diario escribe con mayor detalle. Busca cambiar tu intención, y si decides que será igual a la actual, reflexiona acerca de los resultados que hasta ahora has obtenido contigo, con los demás y con la vida misma. El objetivo es que hagas una introspección y te vuelvas más consciente acerca de lo que estás buscando de la vida y de los demás.

Es sumamente importante que establezcas tus INTENCIONES (el por qué estás aquí) y tu PROPÓSITO PRINCIPAL DE VIDA (lo que te gustaría lograr para contribuir a que todos tengamos un mejor mundo, ya que tú eres parte de este y de todo el universo). Busca la verdad que sale de tu corazón, que es única para ti y para cada uno de nosotros.

Cuando sentimos pasión por algo, es porque estamos recordando lo que venimos hacer. Cuanta más pasión sentimos, más estamos en alineación con la fuente, permitiendo que esta ENERGÍA fluya a través de nosotros sin dudas. Esta es la forma cómo debe de ser.

- KAREN BISHOP

Propósitos	Intención actual	Intención deseada
1. Cuidado de tu cuerpo físico y tu salud en general		
2. Lo que te dices y piensas de ti		
3. Tus sueños		
4. Tu situación familiar y de pareja		
5. Tu posición sobre ser o no padre		
6. Lo que buscas en la amistad		
7. Tus relaciones con vecinos y la comunidad		
8. Tu situación en el campo laboral		
9. Tu rol como voluntario o donador		
10. Tu propósito de vida		

3.5 La importancia del autoconocimiento y la actitud

Resulta increíble ver cómo al ser humano le gusta usar adjetivos negativos para expresarse en los diferentes ámbitos de su vida, y no solamente eso, sino que está más enfocado en las partes negativas que en los eventos positivos. Parece que existiera placer al ver dónde está la equivocación, quedándose discutiendo y agrandando el detalle, dándole mucho más valor del que realmente tiene, mientras se pierde la visión MACRO y sus beneficios.

En marzo de 2021, leí un artículo acerca de cómo los medios, durante la pandemia, resaltaban las noticias donde se veían las cifras más negativas, tanto de casos como del lento avance de la vacunación en algunos lugares, en lugar de las positivas, donde había grandes avances.

Hoy sabemos que los sucesos alarmantes venden más. Desgraciadamente, esto parece aplicar también a los casos individuales. La comunicación interna de la mayoría de las personas se concentra en poner más atención a los defectos y a las carencias que a las habilidades y facultades. Es importante entender que los retos que se tienen enfrente o cuestiones a resolver no se van a solucionar con lo que no se tiene, sino con lo que sí se cuenta.

Todos somos como una caja de herramientas. Puede ser que no tengamos todas las necesarias para resolver un problema específico, pero si escarbamos un poco más, encontraremos que con varios instrumentos (que son nuestras habilidades y facultades), todo se puede arreglar, o bien, se pueden trabajar las diferentes posibilidades que existen. Es como tener el sueño de estar en el ambiente del deporte y no tener las habilidades físicas para ser un deportista, pero sí poseer la capacidad para convertirse en un locutor deportivo. Ahí está la solución: ver con qué sí contamos en lugar de con qué no.

En 1993, la Organización Mundial de la Salud (OMS) definió las habilidades como "aquellas aptitudes necesarias para tener un comportamiento adecuado y positivo que nos permita enfrentar eficazmente las exigencias y retos de la vida diaria". Continuando con la misma fuente y elevando el marco de referencia, tomemos como base a las que se denominan **"habilidades para la vida",** que en estas épocas toman mayor relevancia. Veamos cuál es la más importante según la OMS:

EL AUTOCONOCIMIENTO

El autoconocimiento es la capacidad de saber las fortalezas, debilidades, actitudes, valores y recursos personales y sociales con que uno cuenta para la vida y para enfrentarse a la adversidad.

Como podemos ver, esa es exactamente una de las intenciones de este libro; es decir, se busca fomentar que la gente se autoconozca para elevar su CONSCIENCIA COHERENTE. Este es uno de los objetivos, razón por la cual yo y muchos otros en el mundo estamos de acuerdo con su importancia.

Entre más te conozcas, más fácil enfrentarás los contratiempos que, de una manera u otra, siempre se presentan; es una elección personal el cómo vivir estos procesos, ya sea en forma de crecimiento y evolución o de víctima. Esta segunda opción provoca generalmente angustia, estrés y algunas enfermedades que se crean a raíz de permanecer en ese estado. Todo esto no desaparecerá al no tener percances; más bien, está en nosotros cambiar la manera en la que los enfrentamos. Por ello, el autoconocimiento es la habilidad que todos podemos y debemos desarrollar constantemente. Es un músculo mental, emocional y espiritual que hay que trabajar a diario. Hay quienes lo tienen más desarrollado que otros, pero eso no importa, no te compares con nadie. Todos lo tenemos como parte de nuestra esencia, y es nuestra decisión hacerlo crecer y expandir, aunque claro requiere de esfuerzo.

Entre más desarrolles esta aptitud, te enfrentarás y te adaptarás a las adversidades con mayor paz; vivirás en armonía contigo mismo y con los demás, y podrás dar amor incondicional y gozar de más momentos de felicidad, que son también parte del proceso de la vida. Llevarlo a cabo puede ser muy simple, ya que es un estado que no depende de otros ni de nada, pues proviene de nosotros y de nuestro ser. Mirar un sencillo atardecer, ver una flor, ayudar o solamente no tomarnos lo que nos dicen de manera personal, puede crear una gran paz y felicidad interior.

Generalmente, lo que nos hace felices está justo enfrente de nosotros en todos los sentidos; sin embargo, por la falta de consciencia y por estar evaluando todo con adjetivos negativos, no logramos apreciar la belleza y el amor que está en todos lados.

Para muestra de ello, te comparto parte de una entrevista que realizó la BBC a Matthieu Ricard, quien es doctor en Biología Molecular, monje budista en el monasterio Shechen Tennyi Dargyeling, en Nepal, y asesor personal del Dalái Lama; además, con base en la ciencia, es considerado el hombre más feliz del mundo. Le realizaron preguntas con el objetivo de saber cuál es el secreto de su felicidad; a continuación, anexo dos respuestas que considero interesantes:

¿Qué es la felicidad para usted?

La felicidad no es simplemente una sucesión interminable de sensaciones placenteras, lo que parece más bien una receta para el agotamiento. Es más bien una forma óptima de ser que resulta del cultivo de muchas cualidades fundamentales como el altruismo, la compasión, la libertad interior, la resiliencia, el equilibrio emocional, el equilibrio interior, la paz interior y otros. A diferencia del placer, todas estas cualidades son habilidades que pueden cultivarse mediante la práctica y el entrenamiento de nuestra mente.

Monsieur Ricard, usted es biólogo molecular y monje budista. ¿Qué ha aprendido de la biología y del budismo para alcanzar la libertad interna?

Gran tema, de hecho. La ciencia me enseñó el gusto por un enfoque riguroso de la realidad, lo opuesto a la creencia ciega. La ciencia me libró de creer en todo tipo de locuras, como sucede cada vez más en estos días. (Velasco, 2021)

La ACTITUD es un elemento muy importante del autoconocimiento, así que te pido te preguntes:

¿Cómo Es Tu Actitud Hacia La Vida?

Reflexiona acerca de cuál es tu tendencia, disposición o inclinación; qué haces en automático al decir cualquier cosa: ¿contestas en términos NEGATIVOS o POSITIVOS?

Para que entiendas tu comportamiento frente a la vida, considera los cinco diferentes tipos de actitudes de la siguiente tabla y responde, en cada uno, el porcentaje que corresponde a cómo eres. Procura ser honesto contigo mismo. Recuerda que es para tu propio conocimiento. Entre más sepas de ti es mejor, pero si te pones MÁSCARAS para protegerte de lo que no quieres SABER, será difícil que avances. Obsérvate sobre la base de una semana normal, en el ambiente profesional, familiar, amigos, etc. ¿En qué porcentaje se encuentra tu ACTITUD en cada uno de ellos? Anótalos en tu diario, analiza la información y pregúntate si estás a gusto, qué te ha dejado o te puede dejar a futuro o si te gustaría modificar esas cifras. Escribe frente a los números actuales cuáles deseas que sean los nuevos.

Tipo de actitud	Porcentaje actual	Porcentaje deseado
1. Actitud emotiva de amor.		
2. Actitud integradora donde quieres comprender el mundo interior del otro, apoyarlo para buscar su bien e intentas lograr la integración entre las personas, sin pleitos o conflictos.		
3. Actitud desinteresada o aburrida.		
4. Actitud interesada donde buscas a la gente para lograr un beneficio.		
5. Actitud manipuladora donde solo deseas lograr un fin propio.		

Esta herramienta te servirá para estar más consciente acerca de lo que quieres cambiar, y así desarrollar un plan y buscar las herramientas, talleres, amigos y ambientes de acuerdo con los valores que deseas. Los ENTORNOS donde te mueves pueden ayudar a tu desarrollo, a convertirte en un mejor ser humano, o por el contrario, pueden ser muy perjudiciales. Por más que quieras un cambio, si tu atmósfera no contribuye, será muy complicado y te costará más trabajo hacerlo, pero esto es una decisión que tú debes tomar. En ocasiones, cuando comienzas a trabajar en tu crecimiento individual, ciertas amistades o familiares dificultan el proceso o son relaciones dañinas, así que está en ti buscar relaciones positivas y ambientes afines que te impulsen a alcanzar lo que buscas. Espero que este libro esté logrando esa transformación en ti, aunque estoy seguro de que al leerlo, y si has llegado hasta aquí, ya hay algunos cambios en tu persona.

La ARMONÍA, al igual que la música y la energía, aplica en nosotros. Decir que estamos en ARMONÍA significa que todas nuestras habilidades y facultades trabajan en perfecta concordancia para lograr nuestros deseos.

De acuerdo con mi experiencia como consultor, e imaginando que el mundo es el jefe supremo, pensemos: ¿qué nos pediría? Claro, que lo cuidemos, pero qué características le gustaría que tuviéramos. Yo creo que serían las siguientes:

- Proactividad
- Capacidad para reestructurar
- Creatividad
- Valorar a los demás por sus diferencias
- Disciplina y concentración
- Autocontrol y autocrítica
- Gestión del estrés
- Vivir y sentir el momento
- Uso positivo de la adversidad
- Manejo y aplicación de valores

Todas estas habilidades se pueden aprender y desarrollar, pero parten de la actitud positiva, por lo que te recalco, una vez más, la importancia del autoconocimiento. Cada vez serán más demandadas por todas las corporaciones del mundo y son básicas para crear un cambio consciente-coherente, ya que a pesar de que los estudios y tendencias indican que las máquinas y la INTELIGENCIA ARTIFICIAL sustituirán muchas de las tareas físicas, manuales, repetitivas y algunas intelectuales, lo que no se avizora es que tengan estas FACULTADES PARA LA VIDA. Hay tanto temas que aún tenemos que aprender, que será nuestro reto descubrirlos y después indicarle a las computadoras qué hacer para el beneficio de la humanidad.

En febrero de 2019, el *MIT Technology Review* le realizó una entrevista a Bill Gates, donde le preguntaron cómo veía el futuro con respecto a las innovaciones que le gustaría que existieran. Su respuesta fue:

> Si pudiéramos mirar más allá y ver la lista dentro de 20 años, espero que incluya tecnologías que se centren casi exclusivamente en el bienestar. Creo que las mentes brillantes del futuro se centrarán en cuestiones más metafísicas: ¿Cómo hacemos que las personas sean más <u>felices</u>? ¿Cómo creamos <u>conexiones significativas</u>? ¿Cómo ayudamos a todos a <u>vivir una vida plena</u>? (Allen, 2019)

Como puedes ver, las tecnologías que Bill Gates espera que se inventen están relacionadas con el AUTOCONOCIMIENTO: qué nos hace felices; cómo mejorar la comunicación entre nosotros; cómo tener una mejor existencia. He aquí una prueba más de la importancia de aprender sobre nosotros mismos para vivir en plenitud.

Haciendo énfasis en cómo este tema está ligado al capítulo de la evolución o involución del ser humano, que habla de qué características queremos desarrollar a futuro, me gustaría retomar una lista que hice en un proyecto llamado Repintando México con un grupo de 4 jóvenes *millennials* mexicanos, en el 2017, que está enlazada con las áreas que sugiero que la humanidad debería cambiar para ser más CONCIENTES-COHERENTES:

De la división **a la unión.**

Del miedo **a la valentía.**

De la oscuridad **a la luz.**

De la apatía **a la acción.**

De la obligación **a la voluntad.**

De la corrupción **a la honestidad.**

De la discriminación **a la integración.**

Mostrarnos a nosotros mismos y al UNIVERSO de qué estamos hechos.

¿Qué opinas de los puntos anteriores? ¿Estás de acuerdo o en desacuerdo? ¿Eliminarías algunos y anexarías otros? Haz una lista en tu libreta acerca de lo que crees que tenemos que lograr. Puedes empezar a nivel individual, pareja, familia, comunidad, ciudad, país y/o mundial. Esto te dará un marco de referencia consciente para tu día a día, y así harás el cambio de actitud que solo depende de ti.

3.6 Sé curioso y creativo

¿Por qué la importancia de ser curioso y creativo? Empecemos por lo que dice la ciencia. Heather Berlín, neurocientífica, psicóloga y profesora, especialista en cómo el cerebro aprende, fue entrevistada por Neil deGrasse en mayo de 2021: "Cuando aprendes por curiosidad tu aprendizaje es mayor y lo más importante tu motivación crece, no lo haces por obligación sino porque estás motivado; esto químicamente produce mayor dopamina y genera que todo lo que aprendes en esos estados se quede por más tiempo en tu memoria" (Berlin, 2021). Esto refuerza lo publicado en la revista Neuron, que dice que es más fácil aprender cuando lo hacemos por curiosidad y no por obligación, ya que estimula el centro de placer de tu cerebro. (Gruber, Gelman, & Ranganath, 2014)

Al ser curioso, empiezas a recolectar datos e información que te llaman la atención con el fin de entender más. Ese estado de descubrimiento te liga a los datos y, por consecuencia, genera ideas CREATIVAS que, muchas veces, te ayudan a resolver los retos que tienes enfrente. Con la curiosidad, generas innovaciones, creas cosas o metodologías nuevas. Eso es lo que necesitamos todos. El mundo ya cambió y requiere nuevas formas de ver las cosas.

Los seres humanos por naturaleza somos curiosos y creativos. La única cuestión es despertar aún más estas habilidades, ya que son una gran herramienta de vida. Cuando nos encontramos en esos estados, nos conectamos más con todo y con el corazón, y hay una emoción por descubrir y aprender.

¿Por qué es importante que desarrolles a tu artista interior? Porque con ello haces brotar y crecer al mismo núcleo de tu ser; por lo tanto, empiezas a atraer la energía creativa que se encuentra en el universo, generando en ti estados de placer, donde más que una tarea se vuelve una aventura gozosa. Sin importar el resultado, se trata de que disfrutes el proceso. Así me sucedió a mí y creo que a varios de los que me ayudaron durante el proceso de este libro, ya que no queríamos terminarlo, pues estábamos gozándolo mucho.

La curiosidad debe de empezar a través del descubrimiento de lo que hay en el fondo de ti, de lo que realmente deseas o hacia dónde quieres ir. Justamente eso es parte del objetivo de estas páginas: motivarte y ayudarte a descubrir más de ti, ya que te permitirá entenderte más y enfocar tus esfuerzos a lo que realmente es importante para tu ser y para tu esencia.

Ser curioso te vuelve más proactivo; al abrir tu mente a nuevas cosas, empiezan a llegar ideas o patrones que te pueden servir para solucionar retos o incluso para encontrar las respuestas que estabas buscando.

Hoy más que nunca tenemos que aprender conocimientos nuevos; los tiempos en que vivimos lo requieren cada día más. El planeta está pidiendo que hagamos cosas novedosas para interactuar con él y con todo lo que nos rodea, ya que es claro que lo actual no está funcionado muy bien y requiere ser actualizado.

Aprovecha la enorme cantidad de recursos que hay en internet sin ningún costo. Este es el lado positivo la web, ya que a través de ella podemos aprender prácticamente cualquier cosa sin que nos cueste nada. Existen cursos gratuitos de todo tipo; por lo tanto, no hay pretextos. La biblioteca del saber está totalmente abierta; es solo cuestión de actuar y tener la curiosidad de buscar lo que te apasiona. Ese es el camino para descubrir cuál es tu verdadera pasión y desarrollarla.

Te recomiendo la plataforma edX, donde puedes encontrar diferentes cursos que ofrecen más de 160 universidades e institutos prestigiosos de todo el mundo. Existen muchas otras, así que búscalas.

Ser curioso también tiene beneficios en la salud; por ejemplo, permite mantener al cerebro ocupado; mejora la memoria; previene enfermedades como el Alzheimer, tal como lo afirma el Dr. David Knopman, de la Clínica Mayo en Rochester; además, tiene beneficios para el corazón, de acuerdo con lo revelado por la revista Psychology and Aging, donde se comenta que los que tienen esta cualidad sufren de menos enfermedades cardiovasculares y son más longevos.

Adicionalmente, las investigaciones del Dr. Ben Dean, de la Universidad de Pennsylvania, muestran que tambіén ayuda a fortalecer las relaciones sociales, crear nuevas amistades y hasta tener más éxito en la vida amorosa, ya que te vuelves más interesante porque aprendes a escuchar y a tener conversación acerca de varios temas.

Por otro lado, otros estudios definen que la curiosidad puede elevar nuestra felicidad y reducir la ansiedad. En vez de querer controlar al mundo y los eventos, investiga y conviértete en un explorador. A los curiosos no les afecta tanto la incertidumbre, ya que ven la vida como una aventura donde pueden descubrir y aprender cosas nuevas.

No importa a qué te dediques ni tu estado actual. Ahí están los beneficios; es tu decisión activar esta característica. Para ello, te comparto tres consejos para tener pensamientos más creativos:

1. *Busca siempre el lado positivo y vive el momento*

No vivas en el pasado, ni en el futuro, únicamente en el hoy, buscándole el lado bueno a ese momento; siempre lo tiene. Los obstáculos o los retos son de los que más aprendemos y nos ayudan a evolucionar.

2. *Evita la tradición y los hábitos*

Estos paralizan la mente. Haz algo diferente cada día, sal de tu zona de confort, evita el aburrimiento, descubre algo, aprende nuevas cosas o prueba diferentes estrategias. Todo puede ser interesante; abre tu pensamiento a lo desconocido.

3. *Reflexiona diariamente*

Por la noche, escribe en tu diario tus experiencias del día sin hacer juicios sobre lo realizado y no realizado; solo piensa acerca de lo que viviste y aprendiste durante la jornada, y termina siempre agradeciéndolo. Recuerda que de todo se aprende.

La curiosidad es un aspecto básico y muy importante en la vida, pues está ligada e integrada a muchas otras funciones fundamentales del desarrollo del ser, como el logro de los sueños, el manejo de los miedos, el vivir más feliz y ser más longevo, entre otras tantas cosas.

Ahí están los estudios científicos, pero todo esto no importa si no tomas acción. Si de verdad quieres evolucionar tanto a nivel personal como organizacional, requieres aprender con una intención **CONSCIENTE-COHERENTE** y una práctica constante. Aprender significa cambiar; con esto se incorporan nuevas formas de percibir, reaccionar y pensar que te ayudarán a hacer transformaciones internas y, al mismo tiempo, a modificar el entorno.

Esta es una parte de la fórmula para adaptarte a los cambios en estos tiempos de incertidumbre. Estar en un constante aprendizaje con un enfoque de curiosidad hará que el adquirir conocimientos se vuelva una pasión más que una obligación, lo que te volverá más creativo, generando satisfacción, gozo, expresión y libertad en ti. Esto es mejor que estar en un estado de negatividad, ¿no crees? Nuevamente, te recuerdo que esto va del corazón al universo… **Y tú, ¿qué tienes para darle al mundo con tu creatividad?**

3.7 El miedo, tu mejor amigo

HP LOVECRAFT

Algunos estudios afirman que el miedo es la EMOCIÓN que más consecuencias produce en nuestro interior, y si causa tantos efectos en nosotros no comprendo por qué no nos han enseñado a manejarla y a conocerla mejor, o por qué no hemos tenido la curiosidad o necesidad de aprender más de ella, después de todo se encuentra muy presente en nuestras vidas. Una vez más, insisto en que si desde pequeños nos enseñaran a reconocer cuando sentimos temor o cualquier otro sentimiento, no padeceríamos de muchos de los problemas que hay a nivel individual, social e incluso, nacional.

En mi experiencia como coach de vida y consultor de estrategia organizacional para las empresas, el miedo siempre ha aparecido en primer lugar como limitante, y no solo afecta para que uno pueda llevar una vida plena y estar más en paz, sino que además perjudica a los otros. Por ejemplo, en las empresas, es un gran limitante para generar armonía entre los equipos de trabajo, lo cual se refleja en la productividad y en la falta de creatividad para solucionar los retos. No importa la razón, este es un obstáculo que impide sacar lo mejor de uno mismo.

Sin embargo, esta emoción tiene una parte positiva y una negativa, así que veamos que dice la ciencia acerca de este tema:

El miedo es una reacción adaptativa que nos prepara para actuar ante un posible peligro. Cuando lo sentimos, nuestro cuerpo reacciona produciendo una secuencia de efectos, tanto físicos como psicológicos. Los principales, según las investigaciones del National Geograhic, son:

- Aumento de la presión arterial.
- Aumento de la velocidad en el metabolismo.
- Detención de las funciones no esenciales.
- Aumento de la adrenalina.
- Aumento de la tensión muscular.
- Apertura de ojos y dilatación de pupilas.
- Si se entra en pánico, se puede hasta perder el control sobre la conducta de uno mismo.

Desde que el humano tiene consciencia, el miedo es una de las emociones más básicas y siempre ha estado presente, tanto así que artistas de todos los tiempos lo han explotado en todas las disciplinas.

Analizando este sentimiento desde la perspectiva de que somos energía, podemos decir que es una vibración increíble de mucho poder. Cuando aparece, concentra y produce una gran cantidad de fuerza que se genera en un instante y se canaliza a las diferentes partes de nuestro cuerpo para prepararlo, con el principal objetivo de ayudarlo a enfrentar cualquier amenaza. Es importante destacar que debido a la carga emocional de nuestros pensamientos, la mente no distingue si el peligro es o no imaginario, ya que lo percibe como real y entra para protegernos y potencializar nuestros recursos, tanto físicos como mentales.

Así que podemos decir que el miedo es una clase de SUPERPODER. Sin embargo, como todos los poderes, si no lo utilizamos de una manera apropiada, puede tener efectos negativos, como los que había mencionado previamente. Por eso pregúntate: ¿a dónde se va toda esa energía que se genera con el temor? Es claro entonces por qué hay desgaste en nuestro cuerpo; si esta emoción es constante, desemboca en enfermedades y estados psicológicos no deseados, o en angustia y exceso de estrés. Por eso es importante controlarlo. No se puede evitar ni negar, pero sí comprenderlo, aceptarlo y aprender de él. Entre más información conozcamos acerca de cómo actúa en nosotros, será más fácil desarrollar herramientas y metodologías para manejarlo, aprovecharlo e incluso explotar todos sus beneficios; esa es la razón por la cual lo tenemos.

Recuerda que es una emoción positiva, ya que cumple un papel fundamental en la vida diaria. Hazlo tu amigo y aprende a utilizarlo de forma racional. Con ese enfoque cambiarás la connotación negativa que muchos le han dado, etiquetándolo de manera incorrecta por no conocerlo. Sucede como cuando conoces a una persona. En la primera ocasión no puedes decir si es buena o mala hasta que verdaderamente te tomas el tiempo de entenderla, y por supuesto, este proceso no es inmediato, ya que es necesario crear una verdadera relación profunda. Te pido que veas al miedo de la misma manera. Empieza a salir con él y conócelo, poco a poco, desde otra perspectiva. Te aseguro que valdrá la pena: vivirás con más paz y serás más feliz cuando seas su amigo.

Algunos de sus beneficios son:

- Sin miedo tal vez moriríamos. Te mantiene alerta y sobreviviendo.

> *"No tengo miedo de las tormentas, porque estoy aprendiendo a navegar en mi barco".*
>
> **LOUISA MAY ALCOTT**

- El miedo te ayuda a romper zonas de confort, a emprender, ya que te indica que te estás esforzando.

- El miedo puede ser un indicador de tus limitantes, lo que hace que te prepares para superarlas.

- Al superar algunos de tus miedos, o al intentarlo, generas gran motivación, y la próxima vez será más fácil. Además, eleva tu confianza y autoestima, lo que te motiva a alcanzar el éxito en tus proyectos.

El miedo puede ser la energía que más te sirva para alcanzar tus sueños y/o proyectos. Te comparto que, por supuesto, yo también lo siento. De hecho, existió una temporada que estaba muy presente, en la que estaba creando la costumbre de hacer historias de terror sobre cosas que todavía no sucedían, de imaginar un futuro negativo. No me gustaba que se estuviera convirtiendo en algo rutinario, así que me puse a trabajar más en mí y descubrí que esto se presentaba más en épocas de incertidumbre.

Si uno quiere, puede manejarlo y crear ese momento de sinergia inicial, haciéndolo con una intención de amor hacia sí mismo, sin juzgarse, brindándole a los miedos amor desde el corazón. Eso hace que se conecte con el universo y/o el ser supremo. Lo importante es mover energía de alta vibración con una buena intención, que generará soluciones o alternativas ideales de una manera muy sutil.

Así fue como apareció para mí la mejor solución y conocí a un maravilloso maestro y a su esposa: Satyen y Suzanne Raja. De ellos aprendí algunas técnicas para manejar el miedo, y después llegaron otras soluciones que pude aplicar, aunque claro, uno tiene que trabajar en sí mismo. Esta es una actividad constante que permite evolucionar y mejorar. No hay ninguna técnica, libro o poción mágica que nos cambie de la noche a la mañana. Todos tenemos que enfocarnos en nuestro interior, en conocernos cada día más. Es algo a lo que siempre le debemos de dedicar tiempo si es que nos interesa ser más conscientes acerca de lo que somos y vivir con más paz.

Existen muchas técnicas, prácticas, seminarios, talleres, videos, gurús y más, sin embargo, como lo he estado diciendo, la verdad está dentro de uno mismo. Con el tiempo, aprendí a buscar a maestros que fueran congruentes con sus vidas, ya que es increíble darse cuenta de cuántos te hablan bonito, te dan teorías espectaculares y en su vida personal, no practican lo que enseñan. Al final, les sirven más a los otros que a ellos mismos sus conocimientos. Cada uno es libre de decidir con quien aprender, pero hay de grados a grados, así que te recomiendo y considero muy importante el buscar congruencia. Reconozco que es difícil mantenerte congruente al 100% todo el tiempo. De manera personal lo intento, aunque claro que no soy perfecto; al contrario, por lo que sigo tratando de ser mejor cada día, siendo más consciente y coherente.

Siempre se puede dar más; no obstante, no hay que demostrarle nada a nadie. Es un proceso individual y tú eres el único que sabe cómo va y cuántas ganas le pones a tu crecimiento. Lo importante es gozarlo. A continuación, te comparto un ejercicio básico para iniciar esta relación de amistad con el miedo:

Primero, cada vez que lo tengas, cierra los ojos para SENTIRLO y saber cómo es. Como cualquier otro amigo, tendrá sus propias características y no será siempre idéntico. Un día puede estar vestido de una forma y otro día de otra: el pelo pintado, más flaco, llenito, alegre o triste. El miedo también cambia. No siempre es igual, pero su esencia es la misma.

Segundo, siempre que lo SIENTAS, escribe en tu diario o en algún otro lado cómo es que se presenta frente a ti. Averigua cómo es en ese momento. La forma más fácil es partiendo de cinco características básicas que debes identificar. Cierra los ojos y pregúntate lo siguiente (no olvides anotar las respuestas):

1. ¿En qué parte de tu cuerpo sientes el miedo?
2. ¿Qué forma tiene? ¿Es redondo, cuadrado, sin forma…?
3. ¿Qué color tiene?
4. ¿Qué tipo de textura posee?
5. ¿Cuánto pesa (kilogramos, libras)?

Tercero, pueden aparecer otras características; si quieres escríbelas también. Sin embargo, con lo básico ya se puede entablar la conexión con él. Esto se vuelve como la intuición: es una energía, así que déjala, siéntela y si te llega más información, escríbela sin cuestionarla o razonarla. Deja libre el temor, y si quiere decirte algo, permítelo, con eso ya empieza la relación consciente. Al final, te generará diferentes sensaciones en el cuerpo para comunicarte lo que quiere y prepararte para que estés listo. Entre más lo sepas escuchar, más valiosa será tu relación con él. Todo esto solo son bases para comenzar, pero todo depende de ti. Espero que te sirvan o que encuentres las técnicas que mejor apliquen para ti, para manejar esta emoción y para conocerte más.

En resumen, el miedo no es malo; por el contrario, es un amigo. Únicamente hay que comprenderlo. No lo rechaces. Estoy seguro de que entre más lo conozcas, más lo valorarás. Sé curioso e investiga sobre él, para que llegues a tu propia conclusión. Recuerda que es una energía y su característica es comunicarse contigo; tiene una forma única de ser y de avisarte; quiere ser escuchado, así que solo acéptalo tal como es y cada día fluirá más tu relación con él.

"Nada en la vida debe ser temido, solamente comprendido. Ahora es el momento de comprender más para temer menos".

MARIE CURIE

3.8 Perdona y no tengas rencores

Perdonar es como tener una máquina del tiempo para regresar al pasado y cambiar eventos que te causaron efectos no deseados, para ya no cargarlos en el futuro. Así de importante es la acción del perdón: es una liberación de energía muy poderosa.

No podemos volver físicamente al pasado, pero lo que sí podemos hacer es ir de forma mental, emocional y energética a un lugar donde no hay tiempo ni espacio y modificar la perspectiva de cómo sentimos ese acontecimiento. Estoy seguro de que te preguntarás "¿cómo hago esto?". Muy fácil, es solo cuestión de PERDONAR EL SUCESO. Si lo haces, te liberarás de mucho peso que no te deja caminar en tu presente y, por lo tanto, se transformará tu futuro.

Perdonar es una acción como cualquier otra, que tiene muchos beneficios en tu vida, por lo que necesitas querer hacerlo desde el corazón, eso es lo importante. Claro que para muchos puede resultar muy difícil. El solo recordar el evento puede causar dolor, resentimientos, rencores y otros sentimientos no deseados. Es por eso que hay que liberarse de ellos. Es algo muy personal que cada uno trabaja a su manera, ya que formas para hacerlo hay muchas; no obstante, debe de estar la intención real de querer perdonar. Sin ella es muy difícil que se logre.

Existen muchos libros y profesionales que te pueden apoyar. Cada uno debe encontrar su momento para hacerlo, pero tal como lo dije anteriormente, tomar la decisión es el primer paso. Hay que crear un impulso inicial desde el interior para lograr el proceso del perdón.

A continuación, te comparto una técnica sencilla y práctica que puede ayudarte a producir ese primer empuje para perdonar eventos, personas y cualquier otra cosa. Solo te recuerdo que esto no intenta sustituir ningún otro tratamiento, sistema o terapia que estés llevando con profesionales de la salud; es únicamente una guía que puede complementar lo que ya estás haciendo.

Primero, te recomiendo que busques un entorno o lugar en tu casa u otro lado en donde puedas estar sin interrupciones. Acondiciónalo para que te puedas sentar y escribir cómodamente. Te aconsejo que tengas una botella de agua o alguna bebida de tu preferencia, una o varias velas con aromas agradables y pongas música de fondo suave que te guste; en general, se trata de crear una atmósfera que te invite a reflexionar sin prisa y con paz.

Otros materiales que necesitarás:

- Notas adhesivas de colores u hojas que puedas recortar en forma de cuadros para escribir.
- Una bolsita de papel para poner ahí las notas después de que las escribas.
- Plumas o lápices de colores.

Nota: Puedes hacerlo tan creativo como quieras. Es una ceremonia y entre más elementos le pongas, se le quedará más grabada a tu mente y a tu ser y, por lo tanto, moverás más energía.

En cada papelito escribe, en oraciones cortas de no más de una línea, cada cosa que quieres perdonar. No hay límite. Debes de dejar fluir lo que salga de tu ser sin forzarlo. Siente las emociones de la forma en que se vayan presentando; por supuesto, es válido llorar. Desahogarse es lo mejor.

Manuel, mi coach energético de vida holístico y terapeuta, me decía que todo el mundo debería de tener un entrenador. Así como tenemos uno para la parte física y de nutrición, es igualmente importante otro para la mente, para el ser y las emociones. Llámale como quieras, pero siempre hay que buscar apoyo y guía de personas que tienen más experiencia en el tema, aunque sea solo para desahogarse.

Cuando tenía sesiones con mi querido Manuel, a veces me comentaba: "Mira, Mike, solo vienes a platicarme tu situación, pero tú mismo ya tienes las respuestas". En otras ocasiones, me hacía grandes recomendaciones que me servían muchísimo; por ejemplo, que no me limitara si sentía ganas de llorar, ya que como lo he estado diciendo, soy sensible, y por supuesto, también llorón (y no me da pena decirlo). Cuando Manuel me aseguró que el llanto es muy bueno porque liberas mucho de tu interior y además evitas problemas cardíacos o de salud en el futuro, le di vuelo a la llorada hasta que salió todo. Hasta con estilo lo hacía: era como tomar el corazón y sacudirlo; yo creo que más de uno ha sentido ese alivio al final.

Como muchos otros, desde chico escuché que los hombres no deben llorar porque muestran vulnerabilidad, pero cada uno es libre de decidir. Es un acto muy personal y no tiene nada que ver con lo que opinen y sientan al respecto los demás. Yo pienso que no te quita nada; al contrario, es un descanso y te libera. Además, está estudiado que es muy curativo, ya que es un calmante natural, ayuda a lidiar con el dolor, desestresa, elimina virus y bacterias y hasta hidrata. En resumen, yo recomiendo que dejes salir tus emociones. Es como el ejercicio de la limpia, pero esta es una emocional. Se trata de soltar para quedar más ligero.

Cuando termines de anotar cada oración acerca de lo que estás perdonando, sea persona, evento, a ti mismo u otra cosa, haz bolita el papel y métela en la bolsa.

¿A quién perdonar? Te recomiendo comiences por ti mismo y de ahí vayas en círculo, desde tus seres más cercanos hasta los más lejanos. Considera armar bloques por cada época de tu vida, tratando de recordar en etapas de 10 años. La idea es que no quede nada sin perdonar; por ejemplo, empieza por lo que tal vez hiciste de pequeño a los demás, tanto de forma consciente como inconsciente (lo que vaya saliendo sin forzar, que venga libremente). Después, continúa con tu adolescencia de 11 a 20 años, y así sucesivamente. Cuando termines, puedes proceder con tus padres, hermanos, otros familiares, amigos, parejas, exparejas, jefes, etc. En cuanto se acaben las personas, sigue con los eventos que te causan o causaron dolor. Hay que perdonarlos también. Tampoco debe de tener una secuencia. Recuerda que es un proceso libre y no hay regla alguna; esto es solo una referencia.

Al otro día, quema la bolsa con todas las bolitas de papel. Haz esta actividad en un lugar seguro, que sea abierto de preferencia, y tomando todas las precauciones necesarias para evitar cualquier incendio mayor. Puedes hacerlo en un asador o incluso en una maceta de cerámica como recipiente.

Cuando enciendas el fuego, haz una ceremonia de trasmutación: visualiza en tu mente que todo lo que está ahí quemándose se convierte en amor que se eleva y le llega a la gente o a los eventos en forma de energía rosa. No importa si la persona sigue viva o no, lo que estás disculpando es la esencia del otro, su ser, no el físico. No visualices su cuerpo material, solo siente la vibración en forma de perdón que le envías al otro, de corazón a corazón. El universo se encargará de trasportarla y contribuirás a crear una expansión de tu consciencia y del mismo universo.

"El perdón no cambia el pasado, pero agranda el futuro".

PAUL BOESE

Durante este proceso, no cuestiones lo que sentiste, si fue suficiente o te falto algo. Te repito que lo importante es TU INTENCIÓN CUANDO PERDONASTE. Puede haber sido un solo papelito o muchos, no importa. Ahí están las energías reunidas, y todo es cuántico.

Al terminar, deja que el cosmos se encargue de los siguientes pasos. Ya verás, de una forma muy sutil, como esta acción cambiará tu vida y te ayudará a tener estados de mayor paz. Todo esto te servirá para que desaparezcan los rencores que tanto daño hacen, y creará nuevos espacios en tu mente que podrás ocupar con nuevas emociones y pensamientos positivos. Recomiendo que busques entornos sanos para convivir con personas que piensen mayormente en positivo. Al final, el objetivo es que seas más consciente de tus acciones y pensamientos.

3.9 La gratitud, la madre de todas las virtudes

"La gratitud no es solo la más grande de las virtudes, sino la madre de todas las demás".

CICERÓN

Es increíble lo que puede lograr que te levantes y te acuestes agradecido tan solo por el hecho de estar vivo. Estoy seguro de que todos hemos tenido momentos y días en que no tenemos ganas de dar gracias. Es inevitable sentirse así; yo lo he experimentado. Es parte de la vida tener esta variedad de emociones; sin embargo, si regresas a la gratitud, toda la energía y vibración se eleva, y tu mañana inicia con una visión más positiva. Como esos polvos mágicos que se arrojan al viento para formar un efecto, ella crea un impacto energético que te manda hacia un estado de satisfacción; por lo tanto, tiene un enorme poder. Practicarla puede cambiar radicalmente tu existencia, ya que modifica la perspectiva de cómo estás viviendo, centrándote en ver y apreciar más lo que tienes que lo que te hace falta.

Sentir gratitud de manera constante puede solucionar muchos de los sentimientos que no te gusta experimentar: vives más pleno, libre de pensamientos pesados y por supuesto, gozando más, pues habitas un lugar que eleva tu vibración.

¿Cómo sentirla? Es muy fácil; puedes empezar por agradecer a la vida misma. Yo, por ejemplo, doy gracias por todo lo que he vivido. De hecho, así empecé este libro. Por supuesto, como todos, también he experimentado momentos donde creía no ver la luz, pero siempre está ahí, como un pequeño brillo dentro de la oscuridad, que nunca desaparece. Es solo cuestión de hacerlo más luminoso, de inyectarle energía para que alumbre y haga más claro por dónde ir. Todo está en la forma en que uno decide percibir los sucesos, y por supuesto, hay instantes de dolor que son inevitables sentir, pero que también son parte de ti. Únicamente hay que vivirlos y enfrentarlos. En este sentido, la gratitud contribuye a que no te duelan tanto y a salir más rápido de esos estados.

Con el tiempo, te das cuenta de que esos eventos que llamas "oscuros" son generalmente con los que más creces, aprendes y evolucionas. Se trata solo de etiquetarlos de diferente manera. Yo considero que todo lo que sucede tiene una razón de ser, ya que ayuda a experimentar y a crecer.

Sin importar en qué situación te encuentres, el estado de gratitud siempre tiene un efecto reparador, de esperanza y de integración con el todo. En los momentos difíciles, procura agradecer por lo que tienes, empezando por lo más básico; por ejemplo, que estás vivo o que puedes respirar. Ese brillito crecerá tanto que logrará que la oscuridad desaparezca. Así es, con solo ver las cosas con las que **"SÍ"** cuentas comenzarás a ver una luz, y desde ahí puedes repasar todas las otras por las que hay que dar gracias.

Hay un sinnúmero de historias de seres humanos que tienen mucho menos que nosotros, y regularmente, los percibimos como inferiores; actitud que es totalmente errónea ya que, en muchos casos, ellos pueden ser más felices porque están agradecidos y contentos con lo que tienen; no necesitan de tantos objetos materiales; con muy poco gozan el día y el momento, y cualquier cosa o evento lo disfrutan con intensidad.

> *"El ser agradecido te puede cambiar desde un día hasta una vida completa. Solo necesitas decir las palabras".*
>
> **MARGARET COUSINS**

Tuve el privilegio de tener a alguien cerca de mí con un constante pensamiento positivo, MI MADRE. Ella no necesitaba mucho para gozar su día: se reía todo el tiempo y en los momentos duros, siempre buscaba la forma de salir adelante con su optimismo. Además, transmitía esa energía a todos nosotros. Gracias a ella, fui a mis primeros talleres de desarrollo personal. Mi madre siempre tenía una gran alegría por la vida; fue y es un gran ejemplo para mí; la considero un ser de luz, por lo que estoy muy agradecido por haberla hecho mi madre. Hoy le sigo aprendiendo aun cuando ya no está con nosotros en su forma física.

> *"La gratitud es con seguridad la actitud más importante que podemos adquirir y la que logra más cambios en tu vida".*
>
> **ZIG ZIGLAR**

Todos tenemos ejemplos de personas que viven como mi madre lo hacía, que buscan ser positivos con las situaciones de la vida. Es solo cuestión de abrir el corazón y la percepción para que las veamos. En ocasiones, están frente a nosotros, pero en vez de verlas, las criticamos, ya que tienen un estilo de vida diferente al nuestro. Por ello, te pido de nuevo que abras tu corazón para disfrutar de una manera distinta tu entorno. Te darás cuenta de que cambiando tu perspectiva y viviendo en gratitud, lo que sientes se modificará inmediatamente. De ahí podrán iniciar sucesos que te sorprenderán, para que tu vida cambie en un instante.

Hay que tomar acción, y la más importante es cambiar cómo piensas. Esta es una decisión que depende solo de ti, pues es un acto voluntario que requiere de disciplina y constancia para desarrollar una ACTITUD POSITIVA, de manera que seas más optimista y amoroso con tus pensamientos.

> *"La gratitud abre las puertas a la plenitud de la vida. Convierte lo que tenemos en lo justo y suficiente. Transforma la negación en aceptación, el caos en orden, la confusión en claridad. Puede convertir una comida en un festín, una casa en un hogar y un extraño en un amigo".*
>
> **MELODY BEATTIE**

La GRATITUD es una gran herramienta que puedes desarrollar con la aceptación del ahora. Todos tenemos sueños y deseos, pero no sucederán desde una base de pensamiento negativo. Así que reflexiona sobre qué quieres atraer a tu vida. No hay manera de vibrar positivo si la percepción de las cosas es negativa; así que comienza a vivir en un estado de gratitud, que elevará tu vibración. Pero recuerda: no es solo decir que estás agradecido; lo importarte es sentirlo en el corazón; desde ahí debe de salir la energía.

> *"La gratitud es la memoria del corazón".*
>
> **JEAN BAPTISTE MASSIEU**

Ser optimista funciona como una vacuna que compensa el sesgo de la negatividad que puede existir en tu entorno. A lo largo de la vida, se presentarán eventos de todos colores y sabores que te producirán diferentes sentimientos. No se pueden evitar, y tampoco se trata de ser un monje que se desconecte de la cotidianeidad. Por el contrario, se debe desarrollar la capacidad para manejar estos diferentes sucesos, de tal forma que puedas enfrentarlos y superarlos. Lo que no debes hacer es quedarte en la negatividad, viendo todo lo malo que existe en cada lugar, criticando a todo y a todos, ya que te hace mucho daño pues baja tu vibración. Es mejor poner más atención y consciencia en lo positivo, comenzando desde la forma en que te comunicas. Así que pregúntate cómo hablas, qué palabras y expresiones utilizas más, lo haces en positivo, neutral o negativo. Recuerda que las palabras son energía y se conectan con energías de la misma vibración, así que ¿qué tipo de vibraciones quieres atraer?

"Si eres agradecido con lo que tienes, generarás más. En cambio, si te concentras en lo que no, jamás tendrás lo suficiente".

OPRAH WINFREY

Robert A. Emmons, médico y psicólogo, reconocido como el principal experto científico mundial en gratitud, afirma que este sentimiento alarga y mejora la vida. Él es también fundador de The Journal of Positive Psychology. Sus libros pueden servirte para ampliar tus conocimientos sobre el tema y hacer más ejercicios prácticos. Algunas de sus obras son:

- ¡Gracias! De cómo la gratitud puede hacerte feliz
- ¡La gratitud funciona!: Un programa de 21 días para crear prosperidad emocional
- El pequeño libro de la gratitud

La gratitud, al igual que el dar, depende de nosotros. Únicamente es decidirlo y tomar acción. Solo queda que te preguntes a ti mismo:

"¿QUÉ TAN AGRADECIDO ESTOY CON MI VIDA?".

Te recomiendo que lo escribas como yo lo hice en mis agradecimientos al principio de este libro; es decir, en forma de historia. Haz una carta de todo lo que agradezcas en la vida y en este momento; siente la gratitud dentro de ti en cada frase y deja que las palabras se vuelvan polvos mágicos que transporten esa emoción en forma de energía.

Recuerda que no hay tiempo ni espacio; únicamente siente que sale de lo profundo de tu corazón con la intención más pura y real. No te limites. Da gracias de todo lo que te acuerdes. Tómate el tiempo para hacer esta actividad y verás qué efecto tan positivo puede tener. Hazla con amor. Disfrútala.

Como guía, te comparto a continuación una tabla de algunas áreas que puedes agradecer en tu vida. Incluye lo que tú quieras (lo importante es la intención). Este ejercicio, como todo en el libro, va de lo micro a lo macro, DEL CORAZÓN AL UNIVERSO.

"Cultiva el hábito de ser agradecido por todo lo bueno que viene a ti y de dar las gracias continuamente. Y ya que todas las cosas han contribuido a tu progreso, debes incluir todas las cosas en tu gratitud".

RALPH WALDO EMERSON

Área por agradecer	Algunas de las razones por agradecer
Al corazón	Porque no ha dejado de latir desde que te crearon hasta ahora.
A tus células	Porque hacen el trabajo maravilloso de tener tu cuerpo físico funcionando a cada segundo, agrupadas y comunicadas para tratar de mantenerte con salud. Si algunas de tus células no están bien, agradéceles también y mándales amor. Apóyalas con tu gratitud y las demás células sanas las ayudarán. Recuerda que al final son energías; por lo tanto, puedes regenerar nuevas y más fuertes. Da gracias por esto, por tenerlas como son cada una de las más de 40,000,000... células que trabajan sin parar, todas unidas y sincronizadas por el mismo fin: que funciones para vivir y gozar lo mejor posible.
A tu cuerpo	Da gracias por tu cuerpo y acéptalo como es, por permitirte mover, sentir y vivir la vida con todas las experiencias que has tenido. Si no funcionan algunas partes correctamente o no las tienes, agradece las que sí tienes y funcionan bien. Igual que con las células, mándales amor y gratitud. Esa energía trasmite salud a las partes que se encuentran delicadas, si es que lo están, y ayuda a sentirte mejor. Sin embargo, es importante que cuides tu cuerpo y no abuses de él. Sé consciente y trata de sentirlo en tus meditaciones, agradeciendo todas las funciones que realiza. Aprécialo. No esperes a que no puedas hacer algo por no cuidarlo y entonces ahí valores lo que sí tenías y ya no tienes ahora.
A los seres que te rodean	A tu familia, seres cercanos y no tan cercanos. Hay situaciones diferentes en cada familia, con eventos o personas positivas y otras no tanto. Unas te han marcado y dejado buenas experiencias; otras tal vez son hasta causas de dolor. No obstante, hay que agradecer por todo lo vivido con ellos. Hacer el ejercicio del perdón con los que te causaron sentimientos negativos te ayudará a liberarte y a estar en el presente, viviendo con más paz y navegando hacia un futuro más ligero; es tu decisión. Hoy todos son parte de lo que eres. Agradece cada día. La vida es muy efímera; de un día para otro cualquiera puede dejar esta existencia terrenal.

A lo físico que sí tienes	Al techo, comida, vestimenta y todas esas cosas materiales que SÍ TIENES actualmente y estás disfrutado. Agradece por tenerlas, desde lo más grande hasta lo más insignificante. Además, aprende que te puedes desprender de ellas en cualquier momento. Desea lo que te gustaría tener, pero sin que condicione tu felicidad. Cuando cambies al enfoque, te darás cuenta de que no necesitas de muchas cosas para ser feliz. Vive, goza el momento y agradece lo que sí tienes. Puedes hacer una lista y descubrirás que hay muchísimo más de lo que imaginabas.
A las experiencias de tu vida	A todos esos eventos positivos que has tenido y que tienes cada día. Dicen que no hay sucesos negativos, que es más bien la etiqueta que nosotros les queramos poner, ya que todos nos enseñan algo, nos ayudan a evolucionar y a ser lo que somos hoy. Por lo tanto, si los ves de esa forma, todo puede ser positivo. Igual si hay experiencias que te causaron sentimientos no deseados, transmútalas con la energía del amor, perdonándolas.
Al planeta Tierra	Por lo que te da cada día para vivir en él y gozar de toda su belleza, que está en todos lados y formas, sin importar el lugar o reino. Estás en un entorno ideal para tu evolución. Agradécelo y sobre todo cuídalo. Urge que lo hagas.
A tu Dios, universo o al creador de la belleza, de lo que somos, y a nosotros mismos por ser parte de él	Algo o alguien creó todo esto. No importa la forma, concepción o creencia de cada uno, cómo haya sido o cuándo, lo que sé es que es perfecto, armonioso y mágico. No tenemos las respuestas pero, de nuevo, no importa el nombre, energía o ser: muchas gracias. Todos tenemos un gran privilegio al estar viviendo y experimentado esto. Gracias.

3.10 Vive con valores, que sea tu cultura

Veámonos como tripulantes de un gran barco muy pesado, que para cambiarlo de dirección toma tiempo, pero siempre se logra, con la suma de todos los esfuerzos, llevarlo al puerto que se desea. Esto aplica con nosotros como humanidad e individualmente también. Todos estamos en la misma nave y no nos estamos poniendo de acuerdo hacia dónde la queremos llevar. Tenemos problemas de comunicación serios; no estamos trabajando en unión; hay muchas ideas y opiniones al mismo tiempo; se suman tormentas que complican la claridad de hacia dónde dirigirnos.

Es hora de ponernos a reflexionar sobre cuáles son los valores que crean nuestro comportamiento. Davis Allison fundó una empresa encuestadora con el propósito de encontrar un método científico para determinar qué es lo que realmente influye en las personas para que actúen de cierta manera. El sitio en internet tiene el mismo nombre de su libro, *Valuegraphics*. En noviembre de 2020, presentó los resultados del análisis de más de 500,000 encuestas realizadas a nivel mundial en 152 lenguas, con el objetivo de conocer la respuesta. El reporte se tituló "What Everyone in the World Cares About Most?". Según él, estos son los 10 valores principales que compartimos en todas las culturas, según su orden de importancia:

1. Familia
2. Relaciones
3. Seguridad financiera
4. Pertenencia
5. Comunidad
6. Crecimiento personal
7. Lealtad

8. Religión / Espiritualidad
9. Seguridad laboral
10. Responsabilidad personal

El primero en la lista es **LA FAMILIA;** esto quiere decir que es nuestra prioridad, lo que más nos importa y cuidamos; por lo tanto, si algo nos mueve para reaccionar rápido, es ese valor.

Por consiguiente, si expandiéramos nuestra visión a que todos los que habitamos en este planeta somos una misma familia, provocaría que tomáramos más acciones comunes para apoyarnos y cuidar nuestro hábitat.

Cuando Joe Biden era vicepresidente de los Estados Unidos, en una visita a Guatemala en el 2014, y durante el proceso de las elecciones para presidente en el 2020, mencionó en sus discursos la importancia de elevar la consciencia social: "Ningún cambio social fundamental ocurre simplemente porque el gobierno actúa. Es porque la sociedad civil, la **CONSCIENCIA** de un país comienza a levantarse y demanda cambio" (Biden, 2014).

Preguntémonos entonces: ¿qué ocasionará que todos como sociedad elevemos nuestra consciencia, unificándonos como seres humanos sin importar nuestras diferencias? Si analizamos nuestra historia, esto ha sucedido cuando:

LA CONSERVACIÓN DE NUESTRA VIDA O DE NUESTRA FAMILIA ESTÁ EN RIESGO.

La pandemia del 2020 es y será un problema mundial que todos los países han aprendido cómo enfrentar. Conforme pasa el tiempo y adquieren experiencia con más conocimientos, la mayoría de los territorios han comenzado a estandarizar las soluciones y a trabajar en conjunto. Para ello, han intercambiado información con el fin de encontrar una vacuna; fue justo ahí donde todos han trabajado por un mismo fin: **SALVAR VIDAS.**

En algunas naciones, sus líderes han rechazado lo que la mayoría está haciendo como protección. A nivel individual, algunos han reaccionado distinto para protegerse; muchos cuestionan si existe o no el virus u otras creencias. Más allá de las diferencias, lo primordial es tener una visión colectiva y trabajar por un mismo fin.

Puede ser que hasta que nos llegue el agua al cuello, cambiemos nuestra forma de pensar y decidamos apoyar a lo colectivo. Actualmente, aún con los hechos que están aconteciendo, resulta interesante que no sabemos qué es verdad y qué no lo es dentro del mar de información y datos que nos bombardean a diario. Espero que la historia nos cuente con más veracidad y análisis profundo todo el evento de la pandemia de 2020; sin duda, será un gran caso de estudio.

Basándome en la información actual (abril 2021), y hablando del manejo de la pandemia, he observado que en los países donde la sociedad ha cooperado tomando las mismas acciones, de manera unida y apoyando a su líder, los números de mortalidad son bajos en porcentaje y se observa una disminución de contagios a lo largo del tiempo. Es importante destacar que existen varios factores que les dieron ventajas sobre otros, ya sea por ubicación geográfica, tipos de gobierno y reacciones inmediatas; no obstante, lo valioso es la reacción de la sociedad en su conjunto, cómo se integra o no a un mismo fin y la concientización sobre no solamente protegerse como familia, sino como sociedad. Después de todo, el estar todos sanos también aumenta la probabilidad de no enfermarse en lo individual y lo familiar.

A pesar de lo anterior, resulta increíble ver el proceso de la producción y repartición de las diferentes vacunas. Es sorprendente notar que continúa existiendo una falta de unión mundial para una distribución más equitativa. Esto lo escribí cuando estaba entrando la tercera ola en Canadá, en específico, en Vancouver, BC, y empezaban de nuevo las restricciones de movimiento entre provincias y las interacciones limitadas en las calles y negocios. Tras más de un año de que inicio la pandemia, el nivel y grado de desesperación ya se sienten, los efectos de salud, económicos, sociales y mentales van en aumento.

Nicholas Christakis, investigador de la Universidad de Yale, ha analizado los efectos que puede tener este suceso en la sociedad a futuro. En su último libro, *La Flecha de Apolo: el impacto profundo y duradero del coronavirus en la forma en que vivimos,* muestra que es sumamente necesario que tengamos paciencia, ya que para que la humanidad se recupere de las repercusiones sociales, psicológicas y económicas, tendrá que pasar un largo proceso. Problemas como el que muchos niños interrumpieran la asistencia a sus escuelas y que muchas personas estarán de luto en el mundo serán difíciles de superar y, por lo tanto, llevarán un tiempo. El principio del fin comenzó en el 2021 con la aplicación de las vacunas; luego se tendrá un período intermedio donde se comenzarán a estabilizar los sistemas, lo que se podrá extender al menos hasta el 2024; es entonces cuando se podrá hablar del inicio de la POSTPANDEMIA. Ya la historia lo confirmará, mientras tanto, pueden suceder muchas cosas en el intermedio en estos próximos tres años. (Cecilia, 2021) Por ello, este libro pretende brindarte herramientas para enfrentar la incertidumbre. De ahí la importancia de aprender y de tener metodologías propias que te permitan adaptarte mejor.

Por otro lado, es fundamental entender que esta crisis tuvo también un efecto positivo en la sociedad, ya que elevó la CONSCIENCIA GLOBAL y comprendimos que se necesitan cambios para tener un mejor mundo para nosotros y para las generaciones futuras. ¿Cómo empezar y desde dónde? Yo lo haría desde el corazón, estando conscientes de nuestros actos diarios y de los valores con qué los realizamos.

En mis consultorías a empresas, cada vez fui dando más importancia a la implementación y concientización de la propia cultura organizacional. Era esencial entender con qué valores funcionaban, tanto internamente como en su trato con proveedores y empleados, evaluando el servicio y la honestidad con los que se ofrecían sus productos o servicios al cliente. Ahí es donde yo detectaba que en ocasiones no existía congruencia entre lo que decían su visión y valores y lo que realmente hacían. Es increíble cómo es el ser humano, ya que muchas veces lo sabían, tanto la dirección como los mismos empleados. Esto pasa en todos los niveles, desde lo individual hasta con los gobernantes de una nación.

Hagamos un ejercicio de virtudes humanas básicas desde dos puntos de vista: el lado positivo y su opuesto. A veces, observando la parte contraria es más fácil entender, y sobre todo evaluar nuestras acciones diarias. Veamos qué tan congruentes somos con lo que decimos y con lo que realmente hacemos. Te pido que seas honesto. Nadie verá tus respuestas. Se trata únicamente de hacer conciencia y evolucionar, así que tampoco te castigues, ni te juzgues. Ya será trabajo de cada uno desarrollar un plan de acción y actitud para mejorar en los aspectos que se consideren pertinentes; por ahora es solo darte cuenta de la realidad.

Para poner esta calificación, imagina tu día completo promedio, desde que te levantas, el trato que tienes contigo mismo, cómo te hablas, qué palabras te dices, si te quieres cuando sales de la cama o te críticas, hasta ir avanzando en la jornada, con las personas con las que interactúas, tu pareja, hijos, otros familiares, amigos, clientes, los que te atienden en un servicio, el mismo planeta. ¿Cuál es la cultura con la que funcionas diariamente? Marca con una cruz el cuadro donde crees honestamente que te ubicas: 10 es el mayor, en el que ya no puedes hacer más, estás dando todo y/o diste lo mejor de ti, y 1 es el otro extremo, donde haces lo contrario, el antivalor.

Valor	Evaluación virtudes morales										Antivalor
Amor	10	9	8	7	6	5	4	3	2	1	Desamor
Agradecido	10	9	8	7	6	5	4	3	2	1	Mal agradecido
Fe	10	9	8	7	6	5	4	3	2	1	Escéptico
Sincero	10	9	8	7	6	5	4	3	2	1	Falso
Íntegro	10	9	8	7	6	5	4	3	2	1	Corrupto
Humilde	10	9	8	7	6	5	4	3	2	1	Soberbio
Valor	Evaluación de virtudes relacionadas con el amor										Antivalor
Empático	10	9	8	7	6	5	4	3	2	1	Envidioso
Compasivo	10	9	8	7	6	5	4	3	2	1	Cruel
Sabio	10	9	8	7	6	5	4	3	2	1	Ignorante
Valiente	10	9	8	7	6	5	4	3	2	1	Cobarde
Leal	10	9	8	7	6	5	4	3	2	1	Desleal
Valor	Evaluación de algunas de las virtudes generales										Antivalor
Alegre	10	9	8	7	6	5	4	3	2	1	Triste
Bueno	10	9	8	7	6	5	4	3	2	1	Malo
Cariñoso	10	9	8	7	6	5	4	3	2	1	Distante
Calmado	10	9	8	7	6	5	4	3	2	1	Tenso
Caritativo	10	9	8	7	6	5	4	3	2	1	Egoísta

Creativo	10	9	8	7	6	5	4	3	2	1	Destructor
Comprensivo	10	9	8	7	6	5	4	3	2	1	Incomprensivo
Persistente	10	9	8	7	6	5	4	3	2	1	Inconstante
Dichoso	10	9	8	7	6	5	4	3	2	1	Desdichado
Esperanzado	10	9	8	7	6	5	4	3	2	1	Desesperanzado
Espiritual	10	9	8	7	6	5	4	3	2	1	Materialista
Honesto	10	9	8	7	6	5	4	3	2	1	Deshonesto
Receptivo	10	9	8	7	6	5	4	3	2	1	Indiferente
Sensible	10	9	8	7	6	5	4	3	2	1	Insensible
Tolerante	10	9	8	7	6	5	4	3	2	1	Intolerante
Tranquilo	10	9	8	7	6	5	4	3	2	1	Irritable
Veraz	10	9	8	7	6	5	4	3	2	1	Mentiroso

A esta tabla le puedes sacar copias en caso de que quieras individualizar el ejercicio y analizar por cada área o persona; por ejemplo, cómo eres con tu pareja y cómo con el planeta. La famosa regla de oro aplica muy bien: **no le hagas a los demás lo que no te gustaría que te hicieran a ti.** Generalmente cuando no se aplica a los otros, resulta doloroso de una u otra forma.

Para concluir, me basaré en la opinión de Aristóteles y de otros filósofos sobre este tema. Solo siendo moralmente buenos podremos hallar respuesta a las cuatro preguntas fundamentales del hombre:

1. ¿Cómo satisfaré la misión de la existencia humana?
2. ¿Cómo lograré por mí mismo una vida ejemplar?
3. ¿Cómo alcanzaré una forma de felicidad perdurable?
4. ¿Cómo desarrollaré los potenciales innatos que a veces soy incapaz de vislumbrar?

Mensaje para la comunidad científica mundial y la humanidad

Este es un llamado a la comunidad científica mundial y a la humanidad. Científicos, a través de estas palabras, les pido que se vean como un todo; ustedes saben mucho al respecto y están conscientes de la importancia de trabajar unidos, de tener una visión coherente y del impacto de sus acciones si se reúnen en una mesa gigante. MUÉSTRENLE AL MUNDO que se puede colaborar en conjunto por una causa común.

Unidos pueden LIDERAR este llamado hacia una CONSCIENCIA COHERENTE MUNDIAL. Siempre han marcado tendencia, y hoy nuestro planeta los necesita más que nunca. Son ustedes quienes tienen la capacidad de transformar al mundo con la ciencia como lo han hecho ya en el pasado. Las innovaciones que se avecinan pueden provocar un cambio radical, por eso es de suma importancia que se unan para guiar estos adelantos por el buen camino, con valores y en beneficio de toda la humanidad.

Como lo vimos en esta pandemia, en tan solo 10 meses lograron crear vacunas, cuando antes este proceso podía tomar más de 10 años. La historia ha demostrado la importancia de esta clase de descubrimientos, y son ustedes, los científicos, quienes tienen la educación por encima del promedio de la población y los métodos para investigar y comprobar nuevas teorías. Además, no se dejan guiar por noticias falsas, ya que están acostumbrados a buscar que las fuentes sean verídicas y válidas. Unidos podrán enfrentar las presiones políticas y de poder que existen a nivel mundial.

Existen muchas innovaciones que pueden hacer que este mundo se dirija hacia una ruta más benéfica para todos y para el planeta entero; no obstante, se debe de usar el conocimiento de una manera inteligente para transformar el mundo. Ustedes han trabajado para darnos las bases y los argumentos que confirman la necesidad de una CONSCIENCIA COHERENTE. Les comparto el mensaje que Neil Turok dio en su libro *El universo está dentro de nosotros,* que resume perfectamente este llamado:

> La naturaleza está organizada de mejores maneras de las que podemos aprender. El amor por la naturaleza puede hacer que nos unamos y que nos ayude a apreciar que somos parte de algo mucho más grande que nosotros. El sentido de pertenencia, de responsabilidad y de causa común conlleva humildad, compasión y sabiduría. Con demasiada frecuencia, la sociedad se ha contentado con vivir de los frutos de la ciencia, sin comprenderla. Con demasiada frecuencia, los científicos se han sentido felices cuando se les ha dejado solos para hacer su ciencia sin pensar por qué la están haciendo. Ya es hora de conectar nuestra **INTELIGENCIA A NUESTROS CORAZONES**; las puertas se abrirán de par en par a un futuro más brillante, a un planeta más unificado con ciencia más unificada, a tecnologías cuánticas que extienden nuestra percepción, a descubrimientos que nos permitan acceder a la energía y utilizarla de manera más inteligente, y a los viajes espaciales que abrirán nuevos mundos. ¡Qué privilegio es estar vivos; realmente nos hallamos ante la oportunidad de todos los tiempos! (2015, págs. 256-257)

Científicos, únanse para demostrar que pueden hacerlo una vez más sin ningún interés personal, únicamente por el deseo de ayudar a crear un mundo mejor y con valores, ya que ustedes tienen a su disposición las herramientas que nadie más posee. No sé si todas sean convenientes, pero sí que muchas beneficiarían al mundo.

Estoy seguro de que sus conocimientos, el trabajo en equipo, los valores y beneficios sociales pueden acelerar esta transformación que el mundo tanto necesita. Creen sinergias con todos los ámbitos de la sociedad y no pierdan más el tiempo; lo importante es generar ese MOMENTO INICIAL DE UNIÓN.

Escribí esta llamado el 18 de febrero de 2021, mientras veía en vivo en la televisión el aterrizaje en Marte del *Perseverence Rover*, y me di cuenta nuevamente de las maravillas que el ser humano puede lograr. Es increíble ver a un grupo de científicos alcanzar esta clase de proezas, que sin duda conllevó superar múltiples retos. Desde el lanzamiento en julio de 2020, cuando ya estábamos en pandemia, consiguieron vencer los obstáculos para que ese día aterrizara el laboratorio remoto con todo y un helicóptero, que fue el primer aparato en volar en Marte. Ver la alegría de todo este equipo fue una gran satisfacción. Sin duda, es toda una hazaña de ingeniería, que salió de las mentes creativas para cumplir su objetivo global de descubrir más sobre nuestro origen. Esta clase de descubrimientos ayudan a conocernos más, y espero que también a unirnos más. Es un claro ejemplo de que los seres humanos somos capaces de alcanzar cualquier reto que nos propongamos.

Diana Trujillo, ingeniera de la NASA y parte de este proyecto, fue entrevistada por la BBC, donde comentó la importancia de hacerle caso al corazón para lograr los sueños: "Tú tienes en el corazón lo que quieres hacer; tú lo has sabido siempre. Ese sentimiento está en tu corazón. El problema es que a veces uno escucha las opiniones de otras personas y como que pierde el horizonte para donde uno va" (Martins, 2021).

Me gustaría preguntarles a ustedes científicos: ¿dónde esta Dios en sus investigaciones? Desde mi sentir puedo expresar que está en todo y es todo al mismo tiempo; sin embargo, son muy válidos los credos que cada uno tenga. El astrofísico Eduardo Battaner lo analiza en su libro *Los físicos y Dios,* donde explica la relación de los físicos con las creencias religiosas a lo largo de la historia. El periódico El País le hizo una entrevista, en abril de 2021, preguntándole ¿dónde está Dios en la ciencia?, a lo que él contestó: **"No he encontrado a Dios en el universo, pero Einstein sí, en la perfección y la belleza de sus leyes"** (Limón, 2021). Esta respuesta demuestra la conexión que existe entre la ciencia y la espiritualidad. Al final, son interpretaciones, pero para mí la forma más válida de descubrir lo que es el entorno es a través del SENTIR, más que con la cabeza o con las palabras.

Ahora haré un llamado a la humanidad. Nosotros que tenemos vidas únicas con experiencias propias del pasado, viviendo lo que el hoy nos trae, es hora de que pensemos qué nos corresponde hacer, y yo diría que es mucho.

Cada uno tiene un propósito para estar en este planeta, en este tiempo y en este espacio, ya que nos dieron las habilidades y características para cumplirlo, pero ¿cuál es? Es hacer lo que nos apasiona, lo que nos hace vibrar alto, conectándonos con el todo, ahí donde la información que nos llega es más limpia, amorosa y sabia, sea en forma de intuiciones o pensamientos creativos. Nosotros podemos imaginar una idea y tomar acciones que la conviertan en una realidad física o en una experiencia que nos enriquezca el alma y el espíritu. En esos estados podemos dar saltos cuánticos de evolución y vibrar en la sintonía del amor con el todo.

Es una decisión personal en qué nivel de vibración se quiere estar. Cada uno de los valores se puede traducir en energía. Vibrar bajo es estar con odios, rencores, envidias, celos y cualquier clase de sentimiento negativo. En el mundo actual necesitamos vibrar más en el amor y en la unión, para así corregir el rumbo en que vamos. Tenemos lo que se necesita para lograrlo. No es responsabilidad de una sola persona sino que todos debemos sumarnos; uno puede tener una gran idea, pero cinco pueden cambiar el mundo. Recordemos: venimos del mismo lugar; nos iremos al mismo lugar; ahora estamos compartiendo el mismo espacio, así que cuidémoslo.

Cada quien es responsable de sus acciones, de manera que debemos de dejar de culpar a otros. Aprendamos de nuestros errores y permitamos que los demás aprendan de los suyos. Respetemos el nivel de evolución individual y detengamos las comparaciones. La diversidad enriquece a este planeta y al universo entero; nos ayuda a crecer, así que respetémosla y ayudémosla cuando sea posible, y no hablo de recursos financieros, sino de acciones: no hacerle a los demás lo que no nos gustaría que nos hicieran a nosotros, o por el contrario, dar lo que nos gustaría recibir.

Abramos nuestros corazones y vivamos desde ahí. Las posibilidades son infinitas. Somos un universo integrado a otros universos. En el momento de que estemos conscientes de que somos energía y de las posibilidades están a nuestro alcance. No tenemos que ir a ningún lado: todo está dentro de nosotros.

Está claro que como parte de la sociedad debemos participar en este cambio de una u otra forma. No tienen que ser grandes cosas. Es solo cuestión de empezar a conocernos más, de ser conscientes para que nuestras acciones no nos dañen a nosotros, a la sociedad o al planeta, y en la medida de lo posible, ayuden a los demás.

El mundo necesita un verdadero despertar del pensamiento humano para poder vivir en completa armonía. Ahí radica la importancia de desarrollar las virtudes del amor, la solidaridad y la cooperación. Estos son los cimientos sobre los cuales se debe construir nuestro carácter para una vida más plena y con mayor significado.

No pretendo decirte cuál es la verdad única; por el contrario, promuevo que tú busques y encuentres tu propia verdad, ya que está dentro de ti. Como bien lo dice Buda:

- No creas en lo que has oído.
- No creas en la tradición porque provenga de muchas generaciones.
- No creas en nada de lo que se ha hablado muchas veces.

- No creas en algo porque haya sido escrito por algún viejo sabio.
- No creas en las conjeturas.
- No creas en la autoridad, en los maestros o en los ancianos.
- Cuando hayas observado y analizado detenidamente una cosa, que estés de acuerdo con la razón, y beneficie a UNO Y A TODOS, entonces acéptala y vive conforme a ella.
- **Vive con base en tus experiencias y conocimientos, en lugar de hacerlo conforme a las expectativas y el testimonio de los demás.**

Con esto cierro el libro y te agradezco que lo hayas leído. Deseo que te haya dejado algo o te haya hecho sentir mucho. No me queda más que invitarte a que vivas del corazón al universo, que constantemente estés recordando que eres energía y que tus posibilidades son infinitas, ya que eres parte del todo.

"EL SECRETO PARA EL CAMBIO ES QUE ENFOQUES TODA TU ENERGÍA, NO EN PELEARTE CON LO VIEJO, SINO EN CREAR LO NUEVO".

SÓCRATES

Gracias.

Libros, videos y otras herramientas recomendadas por capítulo

Parte I: Nuestro ecosistema y nuestros retos

1.1 Nuestro estado actual
- Libro. *Reflexiones de un viejo teólogo y pensador*, de Leonardo Boff
- Libro. *Global Shift Now: A call to Evolution,* de Ervin Laszlo

1.2 ¿Cuál es nuestro origen?
- Libro. *La gran historia de todo,* de David Christian
- Libro. *Sapiens. De animales a dioses. Breve historia de la humanidad,* de Yuval Noah Harari

1.3 Extinciones masivas
- Libro. *The Sixth Extinction: An Unnatural History,* de Elizabeth Kolbert
- Video. *Vanishing. The Sixth Mass Extinction*, de CNN. Acceso en: https://www.cnn.com/specials/world/vanishing-earths-mass-extinction

1.4 Evolución del *Homo Sapiens*
- Podcast. *Cosmic Queries – Science is Cool 4* con Neil deGrasse Tyson. Acceso en: https://www.startalkradio.net/show/cosmic-queries-science-is-cool-4/
- Podcast. *Why we do believe lies?* con Bill Gates, Rashida Jones y Yuval Noah Harari. Acceso en: https://podcasts.apple.com/us/podcast/ep-3-why-do-we-believe-lies/id1538630420?i=1000500776225

1.5 ¿Evolución o involución?
- Libro. *La fábrica de cretinos digitales*, de Michel Desmurget

- Libro. *The Shallows: What the Internet is Doing to Our Brains* (*Superficiales: lo que internet está haciendo con nuestras mentes*), de Nicholas Carr
- Libro. El enemigo conoce el sistema, de Marta Peirano
- Libro. *The Grand Biocentric Design: How Life Creates Reality*, de Robert Lanza, Matej Pavsic y Bob Berman
- Libro. *Derrame: las infecciones animales y la próxima pandemia humana*, de David Quammen

1.6 *Homo Sapiens* Consciente-Coherente

- Libro. *Quantum Leadership. New Consciousness in Business*, de Frederick Chavalit Tsao y Chris Laszlo
- Libro. *Science and the Akashic Field: An Integral Theory of Everything*, de Ervin Laszlo
- Libro. *Reconnecting to The Source: The New Science of Spiritual Experience, How It Can Change You, and How It Can Transform the World*, de Ervin Laszlo
- Libro. *The Intelligence of the Cosmos: Why Are We Here? New Answers from the Frontiers of Science*, de Ervin Laszlo
- Video. *La paradoja del gato de Schrödinger* con Javier Santaolalla. Acceso en: https://youtu.be/lzxKZx7we4s

1.7 ¿De qué estamos hechos los seres humanos y qué conforma el todo?

- Documento. *Nociones Fundamentales del Zoo de Partículas Elementales Según el Modelo Estándar*, de Marcel Oswaldo Méndez-Mantuano, Evelyn Carolina Egüez Caviedes, Dayana Shuliet Morales Pastaza. Simón Bolívar Cruz Muñoz y Erika Maritza Mora Jurado. Acceso en: https://eujournal.org/index.php/esj/article/view/12472

1.8 ¿En dónde vivimos?

- Película. *Contacto*, de Robert Zemeckis (1997)
- Libro. *Theory U: Leading from the Future as It Emerges*, de C. Otto Scharmer
- Libro. *Leading from the Emerging Future: From Ego-System to Eco-System Economies*, de Otto Scharmer y Katrin Kaufer

1.9 Entorno económico y político

- Libro/Blog. *Principles*, de Ray Dalio

- Documento. *Ecocivilización*, de Violeta Bulc. Acceso en: https://www.ecocivilisation.eu/wp-content/uploads/2020/09/eco-civilisations-violeta-es.pdf

1.10 Ser líder en este nuevo mundo

- Blog. John Hagel. *Edge Strategy and the Future of Work*

Parte II: Visión panorámica del corazón al universo

2.1 El corazón, el enlace con todo

- Libro. *Human by Design: From Evolution by Chance to Transformation by Choice*, de Gregg Braden
- Documental. *Superhuman*, de Caroline Cory
- Artículo. "Heartset over Mindset: Start with the heart", de Regina Huber.
- Video. *Resiliencia y frustración | El comienzo de la vida.* Acceso en: https://www.youtube.com/watch?app=desktop&v=jorzeB3JzH4
- Sitio Web del HeartMath Institute. Acceso en: https://www.heartmath.org/

2.2 La energía, las frecuencias y las vibraciones

- Sitio Web del Dr. Joe Dispenza. Acceso en: https://drjoedispenza.com/pages/about-us
- Libro. *Science of the Heart, Volume 2: Exploring the Role of the Heart in Human Performance*, de Rollin McCraty
- Libro. *Frequency: The Power of Personal Vibration*, de Penney Peirce
- Libro. *El universo está dentro de nosotros*, de Neil Turok
- Documento. *El Mapa de la Conciencia®,* de David R. Hawkins. Acceso en: https://www.academia.edu/39111603/El_Mapa_de_la_Conciencia

2.3 El universo, nuestro jardín

- Video. *Cosmic Consciousness, Resonance Psychophysical Fields and the Future of Planetary Evolution* con Deepak Chopra & Ervin Laszlo. Acceso en:

https://m.youtube.com/watch?v=iqVuje1L8Us&feature=youtu.b

Parte III: Pasos para vivir del corazón al universo

3.1 Vive desde el corazón
- Sitio Web de Wayne Dyer. Acceso en: https://www.drwaynedyer.com/
- Libro. Tus zonas erróneas, de Wayne Dyer
- Libro. *Total Meditation: Practices in Living the Awakened Life*, de Deepak Chopra
- Meditación. Quick Coherence® Technique del HeartMath Institute

3.2 Ríndete, no pongas resistencia y empieza a limpiar
- Libro. *The Power of Surrender: Let Go and Energize Your Relationships, Success, and Well-Being*, de Judith Orloff M.D.
  Libro. *The Art of Surrender: A Practical Guide to Enlightened Happiness and Well-Being*, de Eiman Al Zaabi.
- Libro. *52 Codes for Conscious Self Evolution*, de Barbara Marx Hubbard

3.3 La intuición
- Libro. *Intuition and Management: Research and Application*, de Daniel Cappon
- Libro. *El poder del ahora*, de Eckhart Tolle

3.4. La intención y propósito de vida
- Libro. *El poder de la intención. Aprende a usar tu intención para construir una vida plena y feliz*, de Wayne W. Dyer.
- Libro. *Una nueva Tierra, un despertar al propósito de su vida*, de Eckhart Tolle

3.5 La importancia del autoconocimiento y la actitud
- Artículo. "Las 10 Tecnologías Emergentes 2019 según Bill Gates de MIT Technology Review". Acceso en: https://www.technologyreview.es/s/10979/las-10-tecnologias-emergentes-2019-segun-bill-gates?platform=hootsuite
- Libro. *El poder del ahora,* de Eckhart Tolle

3.6 Sé curioso y creativo

- Podcast. *The Science of Learning* con Heather Berlin y Neil deGrasse Tyson. Acceso en: https://www.startalkradio.net/show/the-science-of-learning-with-heather-berlin/

3.9 La gratitud, la madre de todas las virtudes

- Sitio web. *The Journal of Positive Psychology*, de Robert A. Emmons. Acceso en: https://positivepsychology.com/access-journal-of-positive-psychology/
- Libro. *¡Gracias! De cómo la gratitud puede hacerte feliz*, de Robert A. Emmons
- Libro. *¡La gratitud funciona!: Un programa de 21 días para crear prosperidad emocional*, de Robert A. Emmons.
- Libro. *El pequeño libro de la gratitud,* de Robert A. Emmons.

3.10 Vive con valores, que sea tu cultura

- Libro. *La flecha de Apolo: el impacto profundo y duradero del coronavirus en la forma en que vivimos*, de Nicholas Christakis
- Sitio Web. *La virtud aristotélica como camino de excelencia humana y las acciones para alcanzarla,* de Luis Fernando Garcés Giraldo. Acceso en: http://www.scielo.org.co/pdf/difil/v16n27/v16n27a08.pdf

Cursos gratuitos recomendados

- **Curso u.lab 1x de Presencing Institute**
  Acceso en: https://www.presencing.org/uacademy
  Descripción:
  El *Presencing Institute* fue fundado en 2006 por Otto Scharmer, profesor principal de MIT Sloan School of Management, y sus colegas, para crear una plataforma de investigación–acción en la intersección de la ciencia, la conciencia y el profundo cambio social y organizacional. Durante las últimas dos décadas, han desarrollado la Teoría U como un marco de cambio y un conjunto de metodologías que han sido utilizadas por miles de organizaciones y comunidades en todo el mundo para abordar nuestros desafíos globales más urgentes: cambio climático, sistemas alimentarios, desigualdad y exclusión, finanzas, salud y educación.

- **Curso de Ciencia Unificada**
  Acceso en: https://es.resonancescience.org/
  Descripción:
  Resonance Science Foundation (RSF) es una organización de investigación y educación sin ánimo de lucro (501c3) comprometida con la unificación de la física y la ciencia en conjunto. Fundada por el físico Nassim Haramein en 2004, el equipo de investigadores, científicos y miembros de la facultad de RSF han desarrollado una visión formal y unificada de la física.

  Estos hallazgos tienen implicaciones y aplicaciones que desembocan en revolucionarias tecnologías que transformarán la vida de las personas y del mundo en su totalidad, ayudando a superar algunos de los desafíos más grandes a los que el mundo se enfrenta hoy en día.

  RSF también proporciona oportunidades de educación mediante Resonance Academy, una plataforma de aprendizaje en línea, con una comunidad de aprendizaje internacional, que le permite a las personas obtener una comprensión coherente y fundamental de la estructura, mecánica y dinámica del universo.

- **Cursos edX**
  Acceso en: https://www.edx.org/
  Descripción:
  Cada individuo tiene el potencial de generar cambios, ya sea en su vida, su comunidad o el mundo. El poder transformador de la educación es lo que abre ese potencial. Sin embargo, el acceso a una educación de alta calidad ha sido privilegio de unos pocos. En 2012, se dieron cuenta de que era el momento de un cambio radical en el aprendizaje. Desde lo probado y fiel a la vanguardia. De "para algunos" a "para todos". Al abrir el aula a través del aprendizaje en línea, **edX** permite a millones de estudiantes desbloquear su potencial y convertirse en agentes de cambio.

BIBLIOGRAFÍA

Allen, I. (2019, febrero 28). *MIT Technology Review*. Retrieved from https://www.technologyreview.es/s/10979/las-10-tecnologias-emergentes-2019-segun-bill-gates?platform=hootsuite

Allison, D. (2020, Nov 10). *Infographic: What Everyone in the World Cares About Most.* Retrieved Nov 11, 2020, from Valuegraphics: https://valuegraphics.com/news/infographic-what-everyone-in-the-world-cares-about-most

American Museum of Natural History. (2020). *Biology Online.* Retrieved from https://www.biologyonline.com/tutorials/the-homo-species

American Physical Society. (2020, Diciembre 4). *APS physics.* Retrieved from https://journals.aps.org/prxquantum/abstract/10.1103/PRXQuantum.1.020317

American Psychological Association. (2008). *American Psychological Association.* Retrieved from https://psycnet.apa.org/record/2009-22160-003

André, C., Jollien, A., & Ricard, M. (2020). *¡Viva la libertad!* Barcelona: Arpa.

Ansede, M. (2021, marzo 3). *El País*. Retrieved from El País: https://elpais.com/ciencia/2021-03-02/hay-un-principio-y-un-final-para-nuestro-mundo.html?event=okregistro&event_log=oklogin&prod=REGCRARTCIENCIA&o=cerrciencia&int=pw_reg_ciencia

BBC News Mundo. (2020, Enero 7). *BBC News Mundo*. Retrieved from https://www.bbc.com/mundo/noticias-51011620

BBC News Mundo. (2020, Enero 25). *BBC News Mundo*. Retrieved from https://www.bbc.com/mundo/vert-fut-51245606

BBC News Mundo. (2021, Enero 25). *BBC News Mundo*. Retrieved from https://www.bbc.com/mundo/noticias-55761301

Béjar, M. (2007, Marzo 19). *Tendencias*. Retrieved from https://tendencias21.levante-emv.com/la-biofisica-de-la-conciencia-explicada-desde-la-teoria-cuantica-de-david-bohm_a1456.html

Berlin, H. (2021, mayo). The Science of Learning with Heather Berlin. (N. d. Tyson, Interviewer) Retrieved from https://www.startalkradio.net/show/the-science-of-learning-with-heather-berlin/

Biden, J. (2014, Junio 20). Remarks to the Press with Q&A by Vice President Joe Biden in Guatemala. Retrieved from https://obamawhitehouse.archives.gov/the-press-office/2014/06/20/remarks-press-qa-vice-president-joe-biden-guatemala

Blasco, L. (2021, febrero 4). *BBC News Mundo*. Retrieved from https://www.bbc.com/mundo/noticias-55856164

Boff, L. (2020). *Reflexiones de un viejo teólogo y pensador*. Trotta.

Braden, G. (2017). *Human by Design: From Evolution by Chance to Transformation by Choice*. California: Hay House Inc.

Brody, L. (2020). *National Human Genome Research Institute.* Retrieved from https://www.genome.gov/es/genetics-glossary/Aminoacido

Campillo, S. (2016, Enero 21). *Hipertextual.* Retrieved from https://hipertextual.com/2016/01/misterio-energetico-del-cerebro

Cecilia, B. (2021, Enero 12). *BBC News.* Retrieved from BBC News: https://www.bbc.com/mundo/noticias-55595931

CERN. (2020). *CERN Acclerating Science.* Retrieved from https://home.cern/science/accelerators/large-hadron-collider

Chalmers University of Technology. (2019, Septiembre 30). *Chalmers.* Retrieved from https://www.chalmers.se/en/departments/chem/news/Pages/DNA-held-together.aspx

Chavalit Tsao, F., & Laszlo, C. (2019). *Quantum Leadership. New Consciousness in Business.* (M. E. Zarebski, Trans.) Stanford University Press.

Chima, A., & Gutman, R. (2020, october 29). *Harvard Business Review.* Retrieved October 29, 2020, from Harvard Business Review: https://hbr.org/2020/10/what-it-takes-to-lead-through-an-era-of-exponential-change

Cholle, F. P. (2011, agosto 31). *Psychology Today.* Retrieved from https://www.psychologytoday.com/ca/blog/the-intuitive-compass/201108/what-is-intuition-and-how-do-we-use-it

Chopra, D. (2020). *Total Meditation.* Harmnoy Books.

Christian, D. (2019). *La gran historia de todo.* Editorial Planeta.

Colegio Mexicano de Reiki. (2021, Enero 26). *Facebook.* Retrieved from https://m.facebook.com/story.php?story_fbid=4277312372296295&id=123227327704841

Cryer, D. C. (2000). *From Chaos to Coherence the power to change performace.* HeartMath LLC.

Dalio, R. (2020, marzo 29). *Principles.* Retrieved from
https://www.principles.com/the-changing-world-order/

Dean, B. (2004). *University of Pennsylvania.* Retrieved from
https://www.authentichappiness.sas.upenn.edu/newsletters/
authentichappinesscoaching/curiosity

deGrasse Tyson, N. (2020, Diciembre 7). Cosmic Queries –
Science is Cool 4. (C. Nice, Interviewer) StarTalk.
Retrieved from
https://www.startalkradio.net/show/cosmic-queries-
science-is-cool-4/

Desmurget, M. (2020). *La fábrica de cretinos digitales.* Península.

Drinjakovic, J. (2018, Enero 17). *Temerty Faculty of Medicine.
University of Toronto.* Retrieved from
https://medicine.utoronto.ca/news/cell-holds-42-million-
protein-molecules-scientists-reveal

Dubois, E. (2020, Enero 10). *National Museum of Natural History.*
Retrieved from
https://humanorigins.si.edu/evidence/human-
fossils/species/homo-erectus

Dusse, E. (2020). 2020: La Pandemia con Enrique Dussel. Ética y
política. (p. https://youtu.be/ILuu3lYWFAg). Mexico:
Aristegui Noticias.

Dyer, W. W. (1999). *La sabiduría de todos los Tiempos.* Grijalbo
Mondadori .

Ed., S. a. (2007). *Ervin Laszlo.* Inner Traditions.

Edwards, S. D. (2020, septiembre 23). *HeartMath Institute.*
Retrieved from
https://www.heartmath.org/assets/uploads/2020/10/overvi
ew-of-heartmath-coherence-model-in-advancing-health-
and-medical-science.pdf

Encyclopaedia Britannica. (2020). *Encyclopaedia Britannica.*
Retrieved from
https://www.britannica.com/science/energy

Fernández-Berrocal, P., & Extremera Pacheco, N. (2018). LA
      INTELIGENCIA EMOCIONAL COMO UNA
      HABILIDAD ESENCIAL EN LA ESCUELA. *Revista
      Iberoamericana de Educación*, 7.

Fine Maron, D. (2018, Noviembre 12). *National Geographic*.
      Retrieved from
      https://www.nationalgeographic.es/animales/2018/11/elefa
      ntes-evolucionan-para-perder-colmillos-ante-amenaza-de-
      la-caza-furtiva

Fisher, R. (2020). MIT Technology Review Magazine. *MIT
      Technology Review Magazine, 123*(6).

Fleming, S. (2020, Julio 21). *World Economic Forum*. Retrieved
      from https://es.weforum.org/agenda/2020/07/esta-es-
      ahora-la-mayor-amenaza-del-mundo-y-no-es-el-
      coronavirus/

Freitas Jr., R. (1998). *Foresight Institute*. Retrieved from
      https://foresight.org/Nanomedicine/Ch03_1.php

Gell-Mann, M. (2020). *Astrojem*. Retrieved from
      https://astrojem.com/teorias/quarks.html

Gibson, P. (2021, marzo 23). *BBC News*. Retrieved from
      https://www.bbc.com/mundo/noticias-56500416

Gruber, M. J., Gelman, B. D., & Ranganath, C. (2014, octubre 2).
      Neuron. Retrieved from
      https://www.cell.com/neuron/fulltext/S0896-
      6273(14)00804-6

Hagel, J. (2021, enero 22). *John Hagel*. Retrieved from John Hagel:
      https://www.johnhagel.com/emotion-as-the-foundation-
      of-strategy/

Hand, E. (2016, junio 23). *Science Mag*. Retrieved from
      https://www.sciencemag.org/news/2016/06/maverick-
      scientist-thinks-he-has-discovered-magnetic-sixth-sense-
      humans

Hawkins, D. R. (2017). *Veritas Publishing*. Retrieved from
      https://veritaspub.com/dr-hawkins/

Hawkins, D. R. (n.d.). *Academia Edu*. Retrieved from
        https://www.academia.edu/39111603/El_Mapa_de_la_Con
        ciencia

HeartMath Institute. (2021). *HeartMath*. Retrieved from
        https://www.heartmath.com/quick-coherence-technique/

Hewings-Martin, Y. (2017, Julio 12). *Medical News Today*.
        Retrieved from
        https://www.medicalnewstoday.com/articles/318342

Hubbard, B. M. (2011). *52 Codes for Conscious Self Evolution*.
        Fundation for Conscious Evolution.

James Webb Space Telescope. (2021). *James Webb Space
        Telescope*. Retrieved from
        https://www.jwst.nasa.gov/content/features/keyFactsIntern
        ational/#spanish

Johanson, D., White, T., & Coppens, Y. (2020, Enero 10).
        National Museum of Natural History. Retrieved from
        https://humanorigins.si.edu/evidence/human-
        fossils/species/australopithecus-afarensis

Kaku, M. (2011, Marzo 14). *Physics world*. Retrieved from
        https://physicsworld.com/a/michio-kaku-looks-to-the-
        physics-of-the-future/

Kashdan, T. B., Elhai, J. D., & Breen, W. E. (2007, septiembre 9).
        National Library of Medicine National Institute of Health.
        Retrieved from
        https://www.ncbi.nlm.nih.gov/pmc/articles/PMC2527018
        /

Kaufer, K., & Scharmer, O. (2013). *Leading from the Emerging
        Future: From Ego-System to Eco-System Economies*.
        Berret-Koehler.

Keane, M. (2020, Octubre 27). CEO Synchrony. *Virtual Fortune
        Global*.

King, W. (2020, Enero 10). *National Museum of Natural History*.
        Retrieved from

https://humanorigins.si.edu/evidence/human-
fossils/species/homo-neanderthalensis

Kolbert, E. (2015). *The Sixth Extinction: An Unnatural History.*
Henry Holt and Company.

Kozloski, J. (2016, Enero 18). *frontiers.* Retrieved from
https://www.frontiersin.org/articles/10.3389/fnana.2016.00
003/full

Lanza, R., Pavsic, M., & Berman, B. (2020). *The Grand Biocentric
Design: How Life Creates Reality.* (M. E. Zarebski, Trans.)
BenBella Books.

Laszlo, E. (2007). *Science and the Akashic Field: An Integral
Theory of Everything.* (M. E. Zarebski, Trans.) Inner
Traditions.

Laszlo, E. (2017). *The Intelligence of the Cosmos: Why Are We
Here? New Answers from the Frontiers of Science.* (M. E.
Zarebski, Trans.) Inner Traditions.

Laszlo, E. (2020). *Global Shift Now: A call to Evolution.* Waterside
Productions.

Laszlo, E. (2020). *Reconnecting to The Source: The New Science
of Spiritual Experience, How It Can Change You, and
How It Can Transform the World.* (M. E. Zarebski, Trans.)
St. Martin's Essentials.

Laszlo, F. C. (2019). *Quantum Leadership.* Stanford University
Press.

Leakey, L., Tobias, P., & Napier, J. (2020, Enero 10). *National
Museum of Natural History.* Retrieved from
https://humanorigins.si.edu/evidence/human-
fossils/species/homo-habilis

Lewsen, S. (2020, Diciembre 2). *MaRS.* Retrieved from
https://marsdd.com/news/rethinking-the-future-of-
plastic/?utm_medium=email&utm_source=newsletter&utm
_campaign=content_promotion&utm_content=Email1203

Limón, R. (2021, Abril 3). *El País.* Retrieved from
https://elpais.com/ciencia/2021-04-03/no-he-encontrado-

a-dios-en-el-universo-pero-einstein-si-en-la-perfeccion-y-la-belleza-de-sus-leyes.html

Lira, A. (2018). *CUAED-UNAM/Facultad de Arquitectura.* Retrieved from https://uapa.cuaieed.unam.mx/sites/default/files/minisite/static/940d57bb-b822-4ca5-8394-2fcc4e68e5e2/principios_propagacion_luz_calor_sonido/index.html

Low, P. (2012, Julio 7). *Ética Animal.* Retrieved from https://www.animal-ethics.org/declaracion-consciencia-cambridge/

Mantilla, J. R. (2021, Enero 11). *El País.* Retrieved from https://elpais.com/elpais/2021/01/07/eps/1610037420_550433.html

Martins, A. (2021, febrero 18). *BBC News Mundo.* Retrieved from https://www.bbc.com/mundo/noticias-56086785

Massis, D. (2020, enero 28). *BBC News Mundo.* Retrieved from https://www.bbc.com/mundo/noticias-51268343

Mayans, C. (2019, Diciembre 4). *National Geographic.* Retrieved from https://www.nationalgeographic.com.es/ciencia/descubierta-gibraltar-ultima-pisada-neandertal_15010

McCraty, J. E. (2020, marzo 4). *HeartMath Institute.* Retrieved from https://www.heartmath.org/assets/uploads/2020/08/heartmath-approach-to-self-regulation-and-psychosocial-well-being.pdf

McCraty, R. (2015). *Science of the Heart, Volume 2: Exploring the Role of the Heart in Human Performance .* HeartMath.

Méndez-Mantuano, M. O., Egüez Caviedes, E. C., Morales Pastaza, D. S., Cruz Muñoz, S. B., & Mora Jurado, E. M. (2019, Octubre). *European Scientific Journal.* Retrieved from https://eujournal.org/index.php/esj/article/view/12472

Mendoza, B., & Pazos, M. (2020). El latido de la Tierra: la resonancia Schumann. *Revista Ciencia, 71*(3). Retrieved from https://www.revistaciencia.amc.edu.mx/images/revista/71_3/PDF/10_71_3_1218_ResonanciaSchumann-L.pdf

Moreno, J. (2021). *Cómo se comunican eléctricamente las células del corazón.* Retrieved from https://www.fbbva.es/microsites/salud_cardio/mult/fbbva_libroCorazon_cap44.pdf

Mosca, G., & Tipler, P. (2015). *Las partículas elementales.* Retrieved from http://particulaselementalesatc2.blogspot.com/p/hadrones-y-leptones.html

National Aeronautics and Space Administration. (2014, Enero 24). *National Aeronautics and Space Administration.* Retrieved from https://map.gsfc.nasa.gov/universe/uni_matter.html

National Geographic. (2010, octubre 10). *National Geographic.* Retrieved from https://www.nationalgeographic.es/ciencia/en-que-consiste-el-miedo

National Geographic. (2020, Noviembre 20). *National Geographic.* Retrieved from https://www.nationalgeographic.com.es/ciencia/tabla-periodica-forma-ordenar-elementos-quimicos_15988

National Museum of Natural History. (2020, Julio 27). *National Museum of Natural History.* Retrieved from https://humanorigins.si.edu/evidence/human-fossils/species/homo-sapiens

New York Life Investments. (2021, febrero 1). *Advisor Channel.* Retrieved from https://advisor.visualcapitalist.com/how-heart-health-can-keep-portfolio-beating/

Noah Harari, Y. (2016). *Sapiens De animales a Dioses. Una breve historia de la humanidad.* Debate.

Noah Harari, Y. (2020, Noviembre 30). Why we do believe lies? (B. Gates, & R. Jones, Interviewers) Ask Big Questions.

Ornes, S. (2020, Diciembre 12). *Discover Magazine*. Retrieved from https://www.discovermagazine.com/the-sciences/physicists-prove-anyons-exist-a-third-type-of-particle-in-the-universe

Peirce, P. (2009). *Frequency: The Power of Personal Vibration*. New York: Atria Books.

Quiñones, L. (2019, Enero 15). *United Nations*. Retrieved from https://news.un.org/es/story/2019/01/1449332

Reich, A. (2020, Diciembre 10). *The Jerusalem Post*. Retrieved from https://www.jpost.com/omg/former-israeli-space-security-chief-says-aliens-exist-humanity-not-ready-651405

Romero, S. (2021). *Muy Interesante*. Retrieved from https://www.muyinteresante.es/salud/fotos/datos-y-curiosidades-sobre-el-corazon/1

Root-Bernstein, R., & Root-Bernstein, M. (2020, Mayo 19). *Taylor Francis Online*. Retrieved from https://www.tandfonline.com/doi/full/10.1080/10400419.2020.1751545Scharmer, O. (2009). *Theory U: Leading from the Future as It Emerges*. Berrett-Koehler.

Scharmer, O. (2020). *Presencing Institute*. Retrieved from https://www.presencing.org/

Schoetensack, O. (2020, Enero 10). *National Museum of Natural History*. Retrieved from https://humanorigins.si.edu/evidence/human-fossils/species/homo-heidelbergensis

Schrarmer, O. (2020, Octubre 30). *Helio Borges*. Retrieved from La hora mas oscura es justo antes del amanecer. Como transformar el trumpismo despues de Trump: sobre la Posverdad, la Posdemocracia y la Poshumanidad.: https://helio-borges-escritor.medium.com/otto-scharmer-19aa4b31315b

Sender, R., Fuchs , S., & Milo, R. (2018, Febrero 25). *Cultura científica*. Retrieved from https://culturacientifica.com/2018/02/25/cuantas-celulas-cuerpo-humano/

Serrano, C. (2021, Enero 5). *BBC News*. Retrieved from https://www.bbc.com/mundo/noticias-55451052

Silverberg, L. M. (2020). *The Conversation*. Retrieved from https://theconversation.com/fragments-of-energy-not-waves-or-particles-may-be-the-fundamental-building-blocks-of-the-universe-150730

Socratic Q&A. (2017, Noviembre 2). *Socratic Q&A*. Retrieved from https://socratic.org/questions/how-many-molecules-are-in-the-human-body#499382

Tally, S. (2020, Septiembre 4). *Phys.org*. Retrieved from https://phys.org/news/2020-09-evidence-quantum-world-stranger-thought.html

Tennesen, M. (March 17 205). *The Next Species: The Future of Evolution in the Aftermath of Man*. Simon & Schuster; Reprint edition .

Turok, N. (2015). *El universo está dentro de nosotros*. Plataforma Ciencia .

Velasco, I. H. (2021, Enero 1). *BBC News Mundo*. Retrieved from https://www.bbc.com/mundo/noticias-55274906

Walsch, N. D. (2011). *The Mother of Invention The legacy of Barbara Marx Hubbard and the Future of YOU*. Hay House.

Wiedman, T., Lenzen, M., Keyßer, L. T., & Steinberger, J. K. (2020, Junio 19). *Nature Communications*. Retrieved from https://www.nature.com/articles/s41467-020-16941-y

WWF, & Zoological Society of London. (2020). *Living Planet Report 2020. Bending the curve of biodiversity loss*. Retrieved from https://www.zsl.org/sites/default/files/LPR%202020%20Full%20report.pdf

Zemeckis, R. (Director). (1997). *Contacto* [Motion Picture].
Estados Unidos.